Em espírito e em verdade é uma obra que fa[...] 4:20-23, uma mulher à beira do poço faz u[...] sos antepassados adoraram neste monte, mas vocês, judeus, dizem que Jerusalém é o lugar onde se deve adorar. O que o Senhor diz?". E Jesus responde: "Está chegando a hora, e de fato já chegou, em que os verdadeiros adoradores adorarão o Pai em espírito e em verdade". Espírito e Verdade são a única resposta que produz adoração autêntica. Que este livro desperte em sua vida uma resposta única a Jesus!

JASON LEE JONES

Adoração é muito mais que entoar canções. Não se trata de um estilo de música cristã. Também não pode ser resumida ao momento do culto que antecede o instante da mensagem. Adoração é o propósito pelo qual fomos criados por Deus. É o estado espiritual de sujeição de quem passou das trevas para a luz e reconhece sua pequenez e sua pobreza diante de um Deus que é absoluto, todo-poderoso e, ao mesmo tempo, misericordioso e amoroso. É a rendição absoluta diante da revelação de quem é Jesus.

NÍVEA SOARES

Quando penso em adoração, não lembro só de música, mas também de atmosfera. Atmosfera tem cor, cheiro e sopro de vida. Adoração é o mais perto que podemos chegar da realidade celestial. Rina escreve com muita propriedade sobre adoração porque ele mesmo é um adorador. Que este livro seja mais uma ferramenta usada por Deus para nos fortalecer e nos preparar para fazer aquilo que todos nós fomos chamados a fazer, independentemente de origem, classe social, etnia, instrução formal ou denominação: adorar a Jesus Cristo. Faça isso agora mesmo, enquanto você é ministrado por cada revelação contida neste manual de adoração!

EYSHILA OLIVEIRA SANTOS

Ao observar mais atentamente alguns assuntos abordados neste livro, estou certo de que você será essencialmente transformado e encontrado por Deus como um verdadeiro adorador. Que o Senhor abençoe sua leitura!

FERNANDINHO (FERNANDO JERÔNIMO DOS SANTOS JÚNIOR)

A adoração atrai a presença de Deus; e a presença de Deus, por sua vez, perfuma e transforma ambientes e pessoas. Sábio como é, Rina destila, neste livro, a sabedoria e o conhecimento prático que absorveu em seu chamado. Pegue a onda da adoração e se mantenha em seu lip o máximo de tempo que conseguir.

TONNY (ANTÔNIO CIRILO)

Acredito que o Brasil é a nação mais adoradora do planeta. E, como disse um conhecido e respeitado profeta, "o culto no Brasil chamou a atenção de Deus". Mas a adoração nunca deve ser monótona ou rotineira. A adoração deve ser fresca e viva todos os dias. Assim nos desafia a Bíblia: "Cantai um novo cântico ao Senhor". As canções e o formato de uma geração passada podem ser transmitidos às gerações seguintes, mas a realidade e a revelação da adoração, não. Isso é algo que cada geração deve descobrir por si mesma. Tenha isso em mente e nunca esqueça que Deus não está em busca de adoração, mas, sim, de adoradores. Deus está em busca daqueles que vão adorá-lo em espírito e em verdade.

DAN DUKE

Creio que a adoração é muito mais do que canções ou palavras. Neste livro, o pastor Rina nos conduz por uma jornada profunda, permitindo-nos compreender isso à medida que vamos passeando pela Bíblia. Trata-se de um estudo complexo da adoração em espírito e em verdade. Tenho certeza de que você, leitor, será muito abençoado!

LUMA ELPÍDIO

Quando colocamos Cristo no centro de todas as coisas, nós estamos o adorando: com canções, nas atividades cotidianas, no casamento... Deus levanta cantores, pregadores e servos; mas, quanto aos adoradores, Deus os procura. Que nosso desejo seja exatamente este: adorar a Deus em espírito e em verdade. Desse modo, devemos deixar Jesus ser o centro de todas as coisas.

ISAÍAS SAAD

Só haverá verdade em ser um adorador se houver amor, paixão e prazer nesse ato. Deus sempre será a prioridade e o motivo de todas as coisas. Ele procura por um relacionamento íntimo, verdadeiro e constante com seus filhos. Uma das características mais admiráveis no pastor Rina é a verdade e a integridade que ele manifesta em seu estilo de vida, em sua paixão por Jesus e em sua sensibilidade para ouvir a voz do Senhor.

DENISE SEIXAS

EM ESPÍRITO EEM VERDADE

O CAMINHO DA **VERDADEIRA ADORAÇÃO**

RINALDO SEIXAS

EM ESPÍRITO E EM VERDADE

O CAMINHO DA **VERDADEIRA ADORAÇÃO**

Thomas Nelson
BRASIL®

Copyright © 2022 por Rinaldo Seixas.
Todos os direitos desta publicação são reservados por
Vida Melhor Editora LTDA.

Todas as citações bíblicas foram extraídas da Versão Revista e Atualizada,
salvo indicação em contrário.

Os pontos de vista desta obra são de responsabilidade dos autores e
colaboradores diretos, não refletindo necessariamente a posição da Thomas
Nelson Brasil ou de suas equipes editoriais.

PUBLISHER Samuel Coto
EDITOR André Lodos Tangerino
EDIÇÃO DE TEXTO Maurício Zagari
ESTÁGIO EDITORIAL Giovanna Staggemeier
PREPARAÇÃO Shirley Lima
REVISÃO Gabriel Braz
DIAGRAMAÇÃO Joede Bezerra
CAPA Rafael Brum

Dados Internacionais de Catalogação na Publicação (CIP)
(BENITEZ Catalogação Ass. Editorial, MS, Brasil)

S464e Seixas, Rinaldo
1.ed.　　Em espírito e em verdade : o caminho da
verdadeira adoração / Rinaldo Seixas. – 1.ed. –
Rio de Janeiro : Thomas Nelson Brasil, 2023.

144 p.; 13,5 x 20,5 cm.

ISBN : 978-65-5689-569-7

1. Adoração a Deus. 2. Bíblia –
Ensinamentos. 3. Igreja Bola de Neve. 4. Vida
cristã. I. Título.

11-2022/51　　　　　　　　　　　　　　　　　　CDD 248.4

Índice para catálogo sistemático:
1. Vida cristã : Cristianismo 248.4
Bibliotecária responsável: Aline Graziele Benitez CRB-1/3129

Proibida a reprodução por quaisquer meios, salvo em breves citações,
com indicação da fonte.

Thomas Nelson Brasil é uma marca licenciada à Vida Melhor Editora LTDA.
Todos os direitos reservados à Vida Melhor Editora LTDA.
Rua da Quitanda, 86, sala 218 – Centro
Rio de Janeiro – RJ – CEP 20091-005
Tel.: (21) 3175-1030
www.thomasnelson.com.br

SUMÁRIO

Introdução		9
1	Altar da adoração	11
2	O sacrifício aceito	17
3	Adoração mediante a revelação completa	21
4	Nem uma unha sequer	27
5	Sobe até aqui	37
6	Tabernáculos: locais de adoração	44
7	A glória de Deus	51
8	A glória de Deus ou a glória dos homens	61
9	Aproxime-se do trono e adore	72
10	Escolha seu tipo de adoração	78
11	A humildade do adorador	87
12	Quando a glória se vai	95
13	O espírito da religião e o espírito da Babilônia	112
14	Adoração que reconquista a presença de Deus	125
15	Pedras afogueadas	134
Conclusão		143

Porque esta é a aliança que firmarei com a casa de Israel, depois daqueles dias, diz o Senhor: na sua mente imprimirei as minhas leis, também sobre o seu coração as inscreverei; e eu serei o seu Deus, e eles serão o meu povo. E não ensinará jamais cada um ao seu próximo, nem cada um ao seu irmão, dizendo: Conhece ao Senhor; porque todos me conhecerão, desde o menor deles até o maior.

Hebreus 8:10-11

INTRODUÇÃO

A Bíblia nos apresenta a forma precisa como Deus deseja que seus filhos o adorem. No capítulo 4 do Evangelho de João, lemos um episódio da vida de Jesus em que, ao chegar a uma cidade samaritana chamada Sicar, ele encontra uma mulher. Em meio a um diálogo muito interessante, ela lhe pergunta: "Senhor [...] vejo que tu és profeta. Nossos pais adoravam neste monte; vós, entretanto, dizeis que em Jerusalém é o lugar onde se deve adorar". Em resposta, ele diz: "Mulher, podes crer-me que a hora vem, quando nem neste monte, nem em Jerusalém adorareis o Pai. Vós adorais o que não conheceis; nós adoramos o que conhecemos, porque a salvação vem dos judeus. Mas vem a hora, e já chegou, em que os verdadeiros adoradores adorarão o Pai em espírito e em verdade; porque são estes que o Pai procura para seus adoradores. Deus é espírito; e importa que os seus adoradores o adorem em espírito e em verdade" (João 4:21-24).

Eis o padrão: Deus deseja que o adoremos *em espírito e em verdade*. Não adianta querermos adorar a Deus do nosso jeito, mas, sim, da maneira que ele almeja — caso contrário, nossa postura e nossas palavras não alcançarão seu coração. Se isso é assim, temos de compreender exatamente o que significa adorar a Deus em espírito e

EM ESPÍRITO E EM VERDADE

em verdade, para que prestemos um culto aceitável ao Senhor, como incenso que chega como perfume às narinas de nosso Deus.

Como em tudo na nossa fé, o caminho para compreender o coração de Deus é o estudo atento da Bíblia, na qual ele se revela e expõe sua vontade de forma clara e inequívoca. Neste livro, meu objetivo é justamente fazer uma exposição de verdades bíblicas que apontem o caminho para que possamos sempre prestar nossa adoração da maneira correta, para que, assim, o coração do Senhor a receba com alegria e satisfação.

Nessa jornada, começaremos entendendo realidades sobre o altar da adoração, onde o sacrifício agradável era oferecido, passando pela adoração feita no tabernáculo e por uma análise aprofundada sobre a glória de Deus. Veremos a postura do verdadeiro adorador, combateremos os espíritos que atrapalham nossa adoração e, por fim, descobriremos os resultados de uma adoração feita segundo o coração daquele que é digno de toda honra, toda glória e toda adoração.

Minha oração é que este livro contribua para sua jornada de fé, fazendo com que você seja cada dia mais um adorador que adora a Deus em espírito e em verdade, com pleno entendimento do que isso significa e a aplicação prática dessa realidade em sua vida. Peço a Deus que, após ler as páginas a seguir, sua adoração nunca mais seja a mesma — e tenha como consequência prática a vivência de experiências extraordinárias com o Deus todo-poderoso.

1

ALTAR DA ADORAÇÃO

> Entrai por suas portas com ações de graça e nos seus átrios, com hinos de louvor; rendei-lhe graças e bendizei-lhe o nome.
>
> SALMOS 100:4

Sacrifício e adoração são palavras que se completam. Afinal, não existe sacrifício que não seja adoração, da mesma forma que não há adoração sem sacrifício. Desde os tempos antigos, que remetem à família de Adão, o sacrifício foi o ato central da dinâmica de adoração. O primeiro registro de culto que temos se encontra em Gênesis, quando Caim e Abel sacrificaram em culto a Deus.

> Coabitou o homem com Eva, sua mulher. Esta concebeu e deu à luz Caim; então, disse: Adquiri um varão com o auxílio do Senhor. Depois, deu à luz Abel, seu irmão. Abel foi pastor de ovelhas, e Caim, lavrador. Aconteceu que no fim de uns tempos trouxe Caim do fruto da terra uma oferta ao Senhor. Abel, por sua vez, trouxe das primícias do seu rebanho e da gordura deste. Agradou-se o Senhor de Abel e de sua oferta; ao passo que de Caim e de sua oferta não se agradou. (Gênesis 4:1-5)

Desde que Deus formou a terra para ser uma colônia, uma reprodução dos céus, percebemos elementos celestiais, espirituais e sobrenaturais inseridos no coração do homem e em sua relação com o Criador. Diariamente, no crepúsculo, Adão e Eva encontravam-se pessoalmente com aquele que os criou e os amou, e, ali, experimentavam uma intimidade que só os dois puderam desfrutar. Mas eles comprometeram o plano divino original, quebraram a aliança com Deus e perderam a mais íntima comunhão, o mais vívido relacionamento que poderiam ter com ele.

Com o rompimento provocado pela Queda, o primeiro casal perdeu o jardim e aquela comunhão ímpar. Mas, ainda assim, observamos um sistema de culto — celestial, como, mais tarde, ao homem seria revelado — que envolvia altar, adoração e sacrifício. Já nos primeiros filhos de Adão, ficam evidentes a consciência e a percepção de que o Criador deveria ser adorado.

O propósito da criação, tanto dos anjos como dos homens, está explícito em cada porção das Escrituras. A razão de nossa existência é a glória de Deus. Fomos criados para adorá-lo. Tudo foi feito por ele, por meio dele e para ele. Todas as coisas convergem nele. Tudo é para a glória e a honra dele. A própria salvação da humanidade está centrada nele e nasce em sua glória, misericórdia e graça, em quem ele é, e não em quem nós somos.

O altar é lugar de sacrifício e adoração. Sempre que um altar é erigido na narrativa bíblica, temos três elementos: entrega, sacrifício e aliança. A palavra "sacrifício" significa oferecer em holocausto, abrir mão, abdicar, renunciar, sujeitar-se. Já o termo hebraico para altar, *mizbéahh*, deriva de *zaváhh* ("abater", "sacrificar"), referindo-se a um abatedouro ou um lugar de sacrifícios. De modo similar, a palavra grega para altar, *thysiastérion*, tem origem em *thýo*, que também significa "abater" ou "sacrificar".

EM **ESPÍRITO** E EM **VERDADE**

A primeira menção na Bíblia a altar e sacrifício, depois de Caim e Abel, ocorre após o Dilúvio, quando "Noé começou a construir um altar a Jeová" e fez nele ofertas queimadas (Gênesis 8:20). Abraão construiu quatro altares: em Siquém, num ponto entre Betel e Ai, em Hebrom e no monte Moriá, onde sacrificou um carneiro que lhe foi dado por Deus no lugar de Isaque. Todos esses altares definiram importantes transições em sua vida. Isaque, mais tarde, construiria um altar em Berseba, e Jacó, altares em Siquém e em Betel. Moisés, por sua vez, construiu um altar após a vitória sobre Amaleque, chamando-o Jeová-Nissi.

Está claro que os hebreus contavam com um complexo sistema de sacrifícios, descrito em Levítico. Oferecer sacrifício ao Senhor era um ato praticado pelos hebreus no deserto, quando Deus instituiu o tabernáculo de Moisés. Regularmente, o povo de Israel fazia ofertas e sacrifícios ao Criador, seguindo regras bem detalhadas, as quais Deus esperava que fossem minuciosamente seguidas.

No Antigo Testamento, o altar sempre foi tido como lugar santo e temido. Trata-se de um local onde ninguém se aproxima por um motivo qualquer, nem de qualquer forma, mas tão somente com reverência e preparo, a fim de buscar a Deus, estar com ele e ali adorá-lo. Em Hebreus 8—9, o apóstolo Paulo mostra claramente que todas as coisas relacionadas ao serviço no tabernáculo e no templo eram figura e sombra daquelas que se encontram no céu. Isso significa dizer que esse altar não está em um local físico na terra; em verdade, somos chamados a estar diante do altar celestial, tipificado na terra pelo tabernáculo.

1 | Altar da adoração

Foi Jesus quem compareceu diante do Pai e garantiu o mesmo acesso, pelo novo e vivo caminho, rasgando o véu, a todo aquele que nele crê. "Porque Cristo não entrou em santuário feito por mãos, figura do verdadeiro, porém no mesmo céu, para comparecer, agora, por nós, diante de Deus" (Hebreus 9:24). Somos chamados a estar diante dele com ousadia, a nos aproximar e nos familiarizar com sua presença. Pois, por essa íntima comunhão, ele se entregou naquela cruz.

> Tendo, pois, irmãos, intrepidez para entrar no Santo dos Santos, pelo sangue de Jesus, pelo novo e vivo caminho que ele nos consagrou pelo véu, isto é, pela sua carne, e tendo grande sacerdote sobre a casa de Deus, aproximemo-nos, com sincero coração, em plena certeza de fé, tendo o coração purificado de má consciência e lavado o corpo com água pura. (Hebreus 10:19-22)

Não há um registro sequer, em toda a narrativa bíblica, de alguém que se tenha aproximado do altar com as mãos vazias, sem nada para sacrificar. Parecia óbvio para os descendentes de Adão, pela lição absorvida na experiência de Caim e Abel, que aquela aproximação exigia adoração verdadeira. Sempre que faltaram reverência, respeito e honra diante do altar, as consequências foram nefastas, como ocorreu com Nadabe e Abiu, Hofni e Fineias, Ananias e Safira, além do rei Uzias.

Em contrapartida, a adoração espiritual e verdadeira, assim como a cultura de sacrifício, honra e renúncia, tudo isso sempre provocou reação do trono de Deus. Existem

EM **ESPÍRITO** E EM **VERDADE**

registros de níveis distintos de sacrifícios apresentados pelo homem que realmente abrem o céu.

O maior dos sacrifícios é a entrega da sua vida, como fez o primeiro dos mártires cristãos, Estêvão. Esse é o nível de adoração em que o homem revela maior amor por Deus que pela própria vida. Não é surpresa se descobrirmos no céu que os verdadeiros adoradores talvez não tenham sido os bons cantores ou músicos na terra, mas, sim, aqueles que não negaram seu Senhor, perdendo, com isso, a própria vida. Afinal, Deus avalia o peso de um sacrifício por aquilo que nos custa (2Samuel 24:16-24).

2

O SACRIFÍCIO ACEITO

> Porque a mensagem que ouvistes desde o princípio é esta: que nos amemos uns aos outros; não segundo Caim, que era do Maligno e assassinou seu irmão; e por que o assassinou? Porque as suas obras eram más, e as de seu irmão, justas.
>
> 1João 3:11-12

Uma revelação pessoal de Jesus faz nascer no homem o temor necessário para as renúncias exigidas em um culto a Deus espiritual e verdadeiro. Se a fé é superficial, o homem concebe Deus como um ser supremo e suficientemente amoroso para compreender seus pecados, além de poderoso para ajudá-lo quando solicitado. No entanto, sem encarnar a Palavra e viver o que Jesus viveu, esse cristianismo se limitará a teorias.

Aquele que nasce de novo e passa a amar a Deus descobre que, além de *amor* e *misericórdia*, um de seus atributos é a *justiça*. Surgem, então, nesse coração, obediência, honra e sujeição capazes de produzir um culto verdadeiro. Ao longo de toda a Bíblia, vemos os homens divididos em dois grupos por uma linha marcante: os que creram e agradaram a Deus e os que não creram e a ele desagradaram.

Caim e Abel foram dois irmãos que nasceram e foram criados em igualdade de condições, com acesso às mesmas informações e à mesma educação. E, embora fossem distintos entre si em personalidade e características, tinham as mesmas possibilidades diante de Deus, que não faz acepção de pessoas. Em outras palavras, nunca houve em Deus predisposição para receber a adoração de um e rejeitar a do outro.

O mesmo ocorre conosco, pois temos o mesmo Pai, embora a forma de nos relacionar com ele seja pessoal, singular e intransferível. Quando andamos com pessoas que se relacionam com Deus, temos a sensação de que a adoração coletiva nos torna aceitos, mas o Pai se relaciona com indivíduos, e não com a massa. E nos julgará individualmente. Naquele dia, aquilo que dissemos em oculto será anunciado dos telhados, pouco importando a habilidade demonstrada na terra para ocultar pecados e aparentar espiritualidade. No momento em que apresentamos oferta e adoração no altar, somos individualmente provados. É nessa hora que Deus nos permite vislumbrar nossa real condição espiritual. Quando estamos a sós com ele, não existem máscaras capazes de disfarçar o que somos. O que Deus espera de nós é o mesmo que um pai espera de um filho: fidelidade, lealdade, amizade, compromisso, transparência, verdade, obediência, amor, tempo de qualidade e confiança — e não apenas uma relação superficial e interesseira.

Por outro lado, na condição de filhos, podemos esperar salvação, perdão, justificação, santificação, poder, bênção, sustento, provisão e misericórdia, mas também revelação, dons e o cumprimento de todas as suas promessas. Quando nos aproximamos em adoração, com o espírito quebrantado, da forma que o Pai espera, criamos a atmosfera adequada para alianças. Onde há altar, sacrifício e adoração, também haverá aliança. A frase "adoração não é música, mas estilo de vida" parece se haver tornado um jargão entre os cristãos, mas o fato é que não

EM **ESPÍRITO** E EM **VERDADE**

se trata apenas de música, e sim de oferta como resultado do modo de vida.

O foco de Deus diante dos sacrifícios de Caim e Abel não era a oferta em si, e sua preocupação não era com o fruto da terra ou as primícias do rebanho, como alguns comentários bíblicos chegam a sugerir. Pois, apenas mais tarde, as ofertas de grãos e frutos da terra foram consideradas legítimas manifestações de adoração! O que Deus avaliava era a motivação e o coração daqueles que se achegavam para adorar: "Pela fé, Abel ofereceu a Deus mais excelente sacrifício do que Caim; pelo qual obteve testemunho de ser justo, tendo a aprovação de Deus quanto às suas ofertas. Por meio dela, também mesmo depois de morto, ainda fala" (Hebreus 11:4).

O que Deus avaliava nas ofertas sacrificiais dos dois irmãos eram a motivação e a disposição do coração. A diferença entre a oferta de Caim e Abel é que a de Abel foi apresentada com fé, crendo que Deus a receberia como incenso agradável, pois suas atitudes longe do altar honravam a Deus. Sua preocupação em glorificá-lo antecedeu o ato de ofertar. A entrega de Caim, por sua vez, foi ritualista, sem fé, vazia e desprovida de significado, pois seu comportamento e seu agir não condiziam com o ato de adoração a Deus, nem revelavam interesse em honrá-lo.

Abel ofereceu a si mesmo a Deus, depois lhe apresentou o seu melhor, a mais preciosa porção. Na oferta de Caim, Deus não encontrou verdade, pois não havia coerência entre sua oferta e seu estilo de vida. Fica evidente que o comportamento fora do altar determina o que acontece diante dele. O sacrifício só será aceito se nosso modo de vida agradar a Deus.

3

ADORAÇÃO MEDIANTE A REVELAÇÃO COMPLETA

> Indo Jesus para os lados de Cesareia de Filipe, perguntou a seus discípulos: Quem diz o povo ser o Filho do Homem? E eles responderam: Uns dizem: João Batista; outros: Elias; e outros: Jeremias ou algum dos profetas. Mas vós, continuou ele, quem dizeis que eu sou? Respondendo Simão Pedro, disse: Tu és o Cristo, o Filho do Deus vivo.
>
> <u>Mateus 16:13-16</u>

A adoração só pode ser espiritual e verdadeira quando há uma revelação completa de quem Jesus é. Os evangelhos são o meio pelo qual Jesus propaga seu Reino, missão, mensagem e redenção. Nos quatro livros que contam o que Jesus disse e fez em seu ministério terreno, temos acesso a toda informação necessária para o reconhecermos, mas o ingresso nesse Reino ocorre por uma revelação que Deus, individualmente, dá sobre quem Jesus é.

Se eu lhe pedir para fechar os olhos e imaginar Jesus, muito provavelmente a imagem que ocupará sua mente será a de um Cristo de barba, cabelos compridos, manto branco e vermelho, dilacerado por chibatadas, pendurado numa cruz, trazendo na cabeça uma coroa de espinhos e totalmente banhado em sangue. Essa foi a imagem de Jesus concebida e transmitida pelas eras, sacramentada pelas artes e institucionalizada pela religião. Não temos problema algum com essa imagem, pois parte dela reproduz, de forma fidedigna, os textos bíblicos. Todavia, esse é um retrato que fala do passado, de um momento específico na vida de Jesus.

Daquilo que foi, para que ele pudesse tornar-se quem se tornou e sentar-se onde se sentou. Nossa referência, agora, é a imagem do Jesus que ressuscitou no terceiro dia depois da morte na cruz, ascendeu aos céus e foi glorificado, sentando-se à destra de Deus, recebendo toda a autoridade no céu e na terra, vestido de poder e majestade (Apocalipse 1:12-16). Um sacrifício que redundou em glória!

A descrição de Jesus em todo o livro de Apocalipse é absolutamente gloriosa e cria um contraste com a imagem de Jesus na cruz. Diante do retrato pintado por João no último livro da Bíblia, todos nos sentimos distantes da semelhança proposta. Como posso, com todos os meus erros, falhas e imperfeições, tornar-me semelhante a esse Jesus glorioso? Fica mais fácil nos identificarmos com o Jesus sofredor, pois estamos focados em nós mesmos, em como somos indignos e incapazes.

A missão do Espírito Santo é nosso aperfeiçoamento e desenvolvimento, até a "medida da estatura da plenitude de Cristo". Deus Pai deseja que os filhos sejam como ele — por isso, enviou Jesus como a "expressão visível do Deus invisível", modelo para toda a humanidade. Assim como um escultor olha para um modelo e trabalha com a pedra para reproduzir a imagem nela, da mesma forma o Espírito Santo nos molda, com os olhos fixos apenas em uma referência: o Filho glorificado.

A CRUZ

Jesus morreu numa cruz, mas a cruz não foi o fim; a cruz foi o meio. A cruz fala de morte, mas a ressurreição fala de vida. É na ressurreição de Jesus que se encontra a

EM **ESPÍRITO** E EM **VERDADE**

vida. Na cruz, o sangue derramado destruiu o poder do pecado sobre os que, por meio da fé, tornam-se filhos de Deus. Por isso, não temos nada sem a cruz. Porém, ela não é o fim; é o início, a entrada para a vida com Deus.

Quando Jesus suplica: "afasta de mim este cálice", revela que a cruz seria uma experiência de dor aguda e de sofrimento extremo, maior do que ele se considerava capaz de suportar. E, de fato, a cruz foi uma experiência terrível para Jesus: sua carne foi dilacerada; as mãos e os pés foram perfurados; o couro cabeludo foi atravessado por uma coroa de espinhos; o estresse emocional o levou a suar sangue; ele foi humilhado, rejeitado, esbofeteado e cuspido. Até para Jesus, a cruz foi algo que ele teve de suportar para que pudesse obter a alegria do outro lado!

Quanto sacrifício! Momentos antes de ser entregue para ser crucificado, Jesus foi tomado por uma angústia avassaladora: "A minha alma está profundamente triste até à morte" (Marcos 14:34). Mas, então, veio a ressurreição. Na cruz, sou perdoado, lavado e remido, e minha sentença de dívidas é cancelada. Mas na ressurreição está a vida abundante prometida por Jesus! Esse entendimento é importante, pois altera profundamente nosso senso de identidade e propósito. A falta de conhecimento bíblico encarcera o cristão em conceitos religiosos limitados. Revelações parciais nos levam a viver verdades incompletas.

Jesus se tornou pecado para que eu me tornasse justiça de Deus. Ele se fez pobre para que eu me tornasse próspero. E sofreu com as feridas e pisaduras para que eu pudesse ser curado de minhas enfermidades. Por que me esforçar a fim de me tornar como ele era se Jesus deu a vida para que eu pudesse ser como ele é?

3 | Adoração mediante a revelação completa

A REVELAÇÃO PARCIAL DA CRUZ

Não existe ressurreição sem morte. Assim como Jesus morreu para ressuscitar, devemos morrer para nós mesmos com o fim de vivermos sua ressurreição. Isso fala de sacrifício. A revelação parcial leva o indivíduo a negar a si mesmo e a se esvaziar, mas, se parar por aí, vai continuar vazio. E, então, estará sem a antiga alegria deste mundo, mas vivendo uma verdade incompleta.

Jesus é a porta, mas também é o caminho. Temos de percorrê-lo até alcançarmos um estilo de vida cheio do poder da ressurreição! As religiões, em sua maior parte, têm sua cópia da cruz: negação de si mesmo, a humilhação e outras posturas semelhantes. O mundo aplaude aqueles que têm disciplina religiosa e respeita suas renúncias e seus sacrifícios em prol de sua evolução espiritual. Mas é impossível para a religião copiar a vida de ressurreição, com sua vitória sobre o pecado e o inferno. O mundo não precisa ver mais abnegação e privações, mas, no momento em que os filhos manifestam a alegria do poder transformador do evangelho de Jesus, não se limitam mais a observar; eles passam a também desejar esse poder.

É fácil pensar que a condição de humildade é estar sempre consciente de minhas próprias falhas e fraquezas. Mas essa é uma armadilha que tem aprisionado mais pessoas do que podemos imaginar. Se eu me torno o foco da minha atenção, falando incessantemente da minha fraqueza, então o que fiz foi entrar na forma mais sutil de orgulho. Se foco em como não sou digno e capaz, deixo de olhar para a dignidade de Jesus. Então, no longo prazo, a tendência é o desânimo e as dúvidas sobre minha

25

EM ESPÍRITO E EM VERDADE

identidade espiritual. O verdadeiro quebrantamento causa completa dependência de Deus e conduz à obediência que libera o poder do evangelho no mundo real ao redor.

Há coisas que você pensa e diz a respeito de si mesmo que não são verdadeiras. São apenas reflexo de uma autoimagem deturpada. Deus espera que sua identidade seja restaurada nele, como um pai que põe com orgulho seu sobrenome no filho. A chance que temos de experimentar um avivamento contínuo está na compreensão de que somos muito mais do que pecadores salvos pela graça.

4

NEM UMA UNHA SEQUER

> Sujeitai-vos, portanto, a Deus; mas resisti ao diabo, e ele fugirá de vós.
>
> TIAGO 4:7

A partir da idade em que adquire consciência, o ser humano passa a orbitar entre céu e inferno, e, quando o Espírito Santo lhe estende o chamamento da graça, ele tem de optar por um deles. A Bíblia dá nome à origem de todo o mal: o diabo e os espíritos demoníacos que com ele colaboram. Também há muita transparência bíblica na definição das atividades em que essas castas espirituais se envolvem: "O ladrão vem somente para matar, roubar e destruir" (João 10:10). Não estamos no escuro; somos alertados a nos sujeitar a Deus e resistir. Se quisermos ter uma vida plena, livre e abençoada nesta terra, e viver eternamente ao lado de Deus, não existem outras possibilidades além dessa. A história da libertação do povo israelita da escravidão do Egito, relatada em Êxodo, ilustra bem essa batalha:

> E depois foram Moisés e Arão e disseram a Faraó: Assim diz o Senhor Deus de Israel: Deixa ir o meu povo, para que me celebre uma festa no deserto. Mas Faraó disse: Quem é o Senhor, cuja voz eu ouvirei, para deixar ir Israel? Não o conheço, tampouco deixarei ir Israel. E eles disseram: O Deus dos hebreus nos encontrou; portanto, deixa-nos agora ir caminho de três dias ao deserto, para que ofereçamos sacrifícios ao Senhor nosso Deus, e ele

4 | Nem uma unha sequer

não venha sobre nós com pestilência ou com espada. Então disse-lhes o rei do Egito: Moisés e Arão, por que fazeis cessar o povo das suas obras? Ide às vossas cargas. E disse também Faraó: Eis que o povo da terra já é muito, e vós os fazeis abandonar as suas cargas. (Êxodo 5:1-5)

Depois de quatro séculos de escravidão, o povo de Israel experimentou grande libertação. Deus levantou Moisés, e lhe deu poder para realizar sinais e maravilhas. Deus queria tirar seu povo do Egito e conduzi-lo à terra que mana leite e mel.

Toda a história da libertação dos hebreus tem um paralelo tipológico com a libertação do homem propiciada por Jesus: Moisés tipificou Jesus Cristo. Muitos teólogos creem que Faraó tipificou Satanás. Egito é uma figura do mundo. A escravidão no Egito tipifica os pecados que aprisionam a alma.

Assim como Deus libertou o povo de Israel da escravidão do Egito, também deseja libertar-nos do domínio do sistema deste mundo e nos transformar em adoradores que adoram em espírito e verdade. No entanto, teremos de lidar com as "sabotagens do Faraó". Foi difícil para o povo de Israel deixar o Egito e ainda mais para o monarca egípcio permitir que os hebreus partissem. O livro de Êxodo apresenta Moisés e Faraó em um grande combate: um conclamando que deixasse o povo ir; o outro se recusando a permitir essa partida.

Batalhas dessa natureza também acontecem dentro de nós, numa luta constante que envolve vontades, pensamentos, sentimentos e ações. Os desdobramentos das tentativas de negociação do Faraó tecem um pano de fundo para a

EM **ESPÍRITO** E EM **VERDADE**

compreensão da manipulação envolvida para impedir nossa resposta de amor ao Deus que nos amou primeiro.

CONVICÇÕES ATACADAS E TESTADAS

Toda demonstração de fé será provada. Moisés creu, enfrentou seus medos, rompeu os limites, inspirou uma nação, enfrentou o Faraó e se tornou a resposta ao clamor do povo. Talvez, como a maioria, Moisés tenha crido que, por ter demonstrado fé, as portas estariam abertas, e o caminho, aplainado. Mas a resposta de Faraó cria um cenário de contrassenso, dúvidas e questionamentos: a fé e a esperança foram postas à prova: em vez de libertação, veio a sobrecarga de trabalho (Êxodo 5:7-9).

O povo foi chamado para partir e adorar a Deus, numa celebração no deserto. Aqui percebemos que toda a preocupação do Faraó era com a própria adoração — pois ela traz o governo, a presença e o reino de Deus. Quando você se volta a ele com disposição de coração e seu espírito entra em comunhão com ele, sua vida é marcada de forma definitiva e irreversível. Essa é sempre uma experiência transformadora, gerando a sensação de completude. Quem encontra Deus passa a viver extasiado, mas esquece que há um Faraó sempre se opondo à adoração ao Deus verdadeiro.

O povo havia acabado de receber uma promessa, mas Faraó começou a oprimi-lo em grande medida, para que achasse que a palavra de Deus não era verdadeira. Faraó imputou sobrecarga ao povo, com o propósito de oprimi-lo. Essa opressão tem um objetivo: fazer você duvidar. E dúvida é ausência de fé. E, sem fé, o resultado é decepção.

Decepcionado, você entra num processo de desencorajamento que o deixa deprimido e com vontade de desistir. Assim, infelizmente, muitos desistem da fé, por não entenderem de que forma as provas estão contribuindo para seu próprio crescimento. Temos de estar atentos para não nos rendermos à pressão de carregar cargas que não fomos chamados a carregar, envolvendo-nos, assim, em tantas atividades que resulta em nos roubar a melhor parte, tornando-nos ansiosos, preocupados e desconectados daquele que nos chamou.

O próprio Jesus foi tentado logo após seu batismo (Mateus 4). Todas as tentações de Jesus no deserto apresentavam um caminho de vitória sem cruz, dor, sofrimento, preço pago. Não podemos evitar o deserto, pois é ali que a carne será mortificada, e o espírito, vivificado. Não podemos desistir porque ficou difícil; é preciso continuar crendo, sem negociar a fé. O que Satanás queria de Jesus? O mesmo que Faraó queria de Moisés: adoração!

DEUS NOS CHAMA PARA SAIR

Fato é que não é possível adorar a Deus no sistema mundano. Logo, ele nos chama a ser santos, separados. Tão logo um cristão é salvo, sua atitude em relação ao mundo deve ser a de sair dele. Quando o povo de Israel comemorou a primeira Páscoa, teve de aspergir sangue de cordeiro nas portas de suas casas, para se ver em segurança. Isso simboliza a redenção, pois, pelo sangue de Cristo, como de cordeiro sem defeito, fomos salvos.

No entanto, os israelitas deviam sair dali imediatamente: "Desta maneira o comereis: lombos cingidos,

EM **ESPÍRITO** E EM **VERDADE**

sandálias nos pés e cajado na mão; comê-lo-eis à pressa; é a Páscoa do Senhor" (Êxodo 12:11). O primeiro resultado da redenção é a separação, ou seja, partida, saída. Deus jamais redime uma pessoa e a deixa no Egito. Isso seria o mesmo que pagar o preço pelo sequestro de um refém e depois deixá-lo no cativeiro. Deus nos salva e nos separa para si. Fomos comprados por alto preço, não pertencemos a nós mesmos (1Coríntios 6:20).

O amor de Deus por nós nos move para fora do mundo. Nosso lugar é junto daquele a quem pertencemos e com ele devemos ir aonde ele for. Moisés e Arão sabiam que tinham um chamado para servir a Deus e não podiam fazê-lo ali. Aquela terra não era o lugar deles. Então, perseveraram, com o fim de obter a libertação diante da resistência de Faraó (Tiago 4:4).

O tratamento de Deus com o mundo é inflexível. Numa sociedade que tem valores cada vez mais confusos e deturpados, ser inflexível e intolerante em relação ao mundo pode parecer fundamentalismo. Esse termo, sempre muito usado pela mídia com conotação terrorista, significa viver por fundamentos. A Palavra é o fundamento e, quanto mais a conhecermos, mais fácil será rejeitar o sistema deste mundo. Deus nos chama totalmente para fora do sistema que nos afasta dele.

A ARGUMENTAÇÃO DO FARAÓ

///// *Ofereça seus sacrifícios no Egito*

A dureza do coração de Faraó levou Deus a enviar pragas. Depois da quarta praga, o envio de enxames de moscas, o monarca resolveu negociar: "Chamou Faraó a

Moisés e a Arão e disse: Ide, oferecei sacrifícios ao vosso Deus nesta terra" (Êxodo 8:25). O ponto inicial da negociação é este: "Você pode orar quanto quiser e cantar em adoração, mas apenas permaneça no Egito, não precisa sair. Não abandone seus pecados, não mude de vida! Pode ir à igreja, mas continue sendo o mesmo, não saia, não se separe, continue no mundo". A resposta de Moisés foi um retumbante não! Ali não era o lugar para que eles adorassem ao Senhor.

> Respondeu Moisés: Não convém que façamos assim porque ofereceríamos ao Senhor, nosso Deus, sacrifícios abomináveis aos egípcios; eis que, se oferecermos tais sacrifícios perante os seus olhos, não nos apedrejarão eles? Temos de ir caminho de três dias ao deserto e ofereceremos sacrifícios ao Senhor, nosso Deus, como ele nos disser. (Êxodo 8:26-27)

⁗ Pode sair, mas não vá muito longe

Diante disso, "disse Faraó: Deixar-vos-ei ir, para que ofereçais sacrifícios ao Senhor, vosso Deus, no deserto; somente que, saindo, não vades muito longe; orai também por mim" (Êxodo 8:28). O posicionamento firme de Moisés torna o de Faraó mais flexível. É exatamente assim que Satanás age, quando diz: "Então vai, mas não muito longe, fique aqui por perto, não rompa por completo, vá até onde eu possa controlá-lo, até onde ainda esteja sob o meu controle. Não se separe completamente, mantenha algumas áreas ainda em minhas mãos. Vá, mas mantenha alguns vícios, e alguns pontos de acesso entre nós".

EM **ESPÍRITO** E EM **VERDADE**

É nesse momento que você começa a escutar das pessoas que o cercam: "Quer ir para a igreja? Vá, mas não vire fanático, não vá muito longe! Estão fazendo sua cabeça!". Se você teme a Deus, não são essas pessoas que vão determinar para onde você tem de ir. A boa notícia é que Deus inclina seu coração para seu povo, e insiste: "Disse o Senhor a Moisés: Apresenta-te a Faraó e dize-lhe: Assim diz o Senhor, o Deus dos hebreus: Deixa ir o meu povo, para que me sirva" (Êxodo 9:1).

Deixe a sua família

Faraó endurece o coração e tem de lidar com a sexta e a sétima pragas: úlceras e chuva de pedras. Diante disso, chama Moisés e tenta renegociar, pleiteando a liberdade apenas dos homens (Êxodo 10:11). Essa proposta é absurda. Nunca devemos desistir de nossa família. Ela é a base de tudo, logo, se você tem uma família, proteja-a, abençoe-a e lute por ela. Alguém talvez diga: "Ah! São apenas pessoas que nasceram na mesma casa e tiveram de conviver, independentemente de suas afinidades". Não! Família é sangue do seu sangue! É seu núcleo, sua história, sua linhagem, e você deve muito a todos eles, pois, do contrário, você nem existiria. Se você tem uma família, valorize-a! Por isso, Moisés respondeu que todos deveriam ir: jovens, velhos, homens, mulheres, crianças e até mesmo as ovelhas e os bois (Êxodo 10:8-11).

O plano de Satanás é bem semelhante ao de Faraó: se ele não consegue desviar você do caminho, vai investir com todas as forças para que seus filhos se desviem. Se entregamos nossos filhos, estamos dizendo que amanhã não haverá mais igreja, não haverá mais fé nem valores ou princípios bíblicos.

Jesus destacou o valor das crianças e apontou para a responsabilidade da igreja e dos pais sobre elas: cuidar, proteger e educar. Hoje, o grande objetivo das trevas é a destruição da família. A maior estratégia de Satanás tem sido influenciar as crianças. Essa influência, massivamente, se dá pela comunicação maligna, muitas vezes subliminar, em desenhos, filmes, jogos e músicas. A mente dos pequeninos tem sido bombardeada com toda a sorte de informações das trevas, com o fim de criar circunstâncias favoráveis à opressão demoníaca. As crianças dependem da proteção dos pais e da igreja, não podem se defender sozinhas, dependem da cobertura que lhes é fornecida por seus tutores, educadores, professores, pais e pastores. Perceba o esforço midiático para extinguir as figuras de autoridade e disciplina.

Como aqueles homens poderiam adorar a Deus longe de seus filhos e esposas? Se Satanás destruir a família, afetará a adoração. Como o Faraó não deixou "todos" irem, veio sobre o Egito a praga dos gafanhotos.

⁓ O gado e as ovelhas devem ficar

Após a praga dos gafanhotos, o coração de Faraó ficou mais duro e, então, veio a praga das trevas. Somente na casa dos israelitas havia luz (Êxodo 10:23). Veio uma nova proposta de Faraó: as crianças e as mulheres poderiam ir, mas ficariam os rebanhos e o gado (Êxodo 10:42-46). É importante lembrar que esses animais seriam usados para os sacrifícios e holocaustos oferecidos ao Senhor (Êxodo 10:25-26). Sem eles, não haveria adoração. Aqui Faraó estava dizendo: "Fiquem com as cerimônias, com a liturgia, com a Lei, com a religiosidade, até mesmo com

EM **ESPÍRITO** E EM **VERDADE**

toda a família; mas me entreguem a adoração". A mesma proposta está sendo feita a muitos cristãos atualmente: "Podem ficar com tudo, mas não adorem a Deus".

A resposta de Moisés foi enfática: "E também o nosso gado há de ir conosco, *nem uma unha ficará*; porque daquele havemos de tomar, para servir ao Senhor nosso Deus" (Êxodo 10:26). A adoração em espírito e em verdade só pode ser produzida pelos lábios dos que saíram do Egito e tiraram o Egito do coração. Se você saiu do Egito, mas o Egito não saiu de você, é hora de entregar tudo. Permaneça crendo e confiando em Deus, e não negocie sua aliança. Nem uma unha sequer!

5

SOBE ATÉ AQUI

> Sobe até aqui, e eu te mostrarei o que deve acontecer depois destas coisas.
>
> APOCALIPSE 4:1

Apocalipse descreve uma cena inspiradora. João vê uma porta aberta no céu e recebe um convite para penetrar a dimensão de glória onde o trono de Deus se encontra. O nível de intimidade que o homem pode ter com Deus só pode ser limitado por ele mesmo. Aquele que o busca de todo o coração vai encontrá-lo. O desejo explícito do Pai é ter comunhão com os filhos. Se dependesse apenas dele, todos subiriam, entrariam por essa porta e teriam profunda comunhão com Deus.

O evento ocorrido três meses após a travessia do mar Vermelho, com o povo de Israel, é a grande comprovação desse interesse divino por relacionamento com o homem. Deus retirou do Egito uma multidão de escravos, sem autoestima, sem identidade nacional, sem leis, sem cultura ou educação, plantou neles seu caráter e pôs sobre eles seu nome. E fez dessa multidão um povo — o seu povo.

Do mesmo modo, Deus nos tirou do pecado e do mundo, fazendo de nós o seu povo. Esse fato foi confirmado por Pedro (1Pedro 2:10). Aos pés do Monte Sinai, ao povo foi dada a opção de saltar para um nível mais elevado de intimidade. Deus revelou sua intenção de se relacionar com os israelitas de forma direta e pessoal. Até então, Moisés era o intermediário. Era como se ele estivesse dizendo: "É hora de crescer. Eu amo Moisés, mas

5 | Sobe até aqui

quero me relacionar diretamente com vocês! De agora em diante, vocês serão uma nação de sacerdotes".

Amamos ouvir boas pregações e receber alimento espiritual daqueles que são profundos na revelação da Palavra. No entanto, a intenção divina de levar o homem a níveis mais elevados de intimidade ainda é uma chamada que ecoa de geração em geração. Sermos resgatados de pecado foi apenas o início da obra de Deus em nossa vida. O véu que separava o homem da presença de Deus foi rasgado e nós vivemos na dispensação da graça, com livre acesso à presença de Deus. Esse fato deveria fazer-nos repensar a forma de orar. Se eu acredito mesmo nesse amor incondicional de Deus por mim, minha oração deveria ser: "Deus, não quero mais ouvir sobre as experiências dos outros com o Senhor. Onde está a chave do meu quarto de oração? Lá eu vou me trancar até conhecê-lo!".

O fato é que Deus nos chama para subir. Um bom exemplo disso foi quando ele planejou o evento em que se revelaria de forma pessoal a cada um dos integrantes de seu povo. Nesse grande dia, "Disse o Senhor a Moisés: Vai ao povo e purifica-o hoje e amanhã. Lavem eles as suas vestes e estejam prontos para o terceiro dia; porque, no terceiro dia, o Senhor, à vista de todo o povo, descerá sobre o monte Sinai". O Criador finalmente se tornaria conhecido por aqueles que havia chamado para si.

O procedimento estabelecido por ele exigia a santificação do povo, pois não há comunhão entre luz e trevas. No momento certo, todos escutariam o som produzido pelo toque do Shofar e, então, deveriam começar a subir. No dia marcado para aquele encontro, houve uma manifestação sobrenatural e física da glória e do poder de

EM **ESPÍRITO** E EM **VERDADE**

Deus! "Ao amanhecer do terceiro dia, houve trovões, e relâmpagos, e uma espessa nuvem sobre o monte, e mui forte clangor de trombeta, de maneira que todo o povo que estava no arraial estremeceu" (Êxodo 19:16).

A expectativa do povo deve ter sido enorme. O Deus que abrira o mar Vermelho e que o livrara das garras do Egito agora se revelaria a cada um deles. No entanto, por alguma razão, essa expectativa, diante dos trovões e dos relâmpagos, transformou-se em medo, e o povo, aterrorizado, foi impedido de aceitar o maior convite que uma geração poderia receber (Êxodo 19:17-21). Aquele encontro exigia consagração. Assim como a noiva não pode apresentar-se ao noivo com manchas e rugas em seu vestido, o povo teria de se santificar para estar com Deus. Aquela manifestação era uma maneira de despertar o homem para a necessidade de sua santificação pessoal. O recado foi dado de forma clara: ou se santifica ou não sobe.

Nada nesta terra se compara ao prazer e à satisfação de se desfrutar a presença e a intimidade com Deus. Qualquer renúncia que se possa fazer é completamente recompensada pela experiência de andar com ele, e não apenas ter informações a seu respeito. O ônus da privação dos prazeres da carne traz o bônus da incomparável alegria de sermos um com Deus. Aquele que quiser subir, e não ficar apenas aos pés do monte Sinai, deve comprometer-se a se separar do pecado e viver uma vida espelhada em Jesus. Permanecer no sopé do monte, embora seja essa a escolha de muitos, implica aceitar um cristianismo institucional, marcado por apostasia e estagnação. É permitir que meu relacionamento com Deus seja limitado por parâmetros religiosos e teologia de homens. Nesse lugar, por falta de

5 | Sobe até aqui

vida com Deus, a tendência é a mornidão espiritual. Aqui, dificilmente as disciplinas espirituais não se tornam um exercício enfadonho. Meu esforço pessoal me dá acesso à teoria, mas só quando subo é que a teoria se torna prática. E escolher subir significa que vamos crescer em nosso relacionamento com Deus, custe o que custar! Não há o que temer. Ele quer que nos aproximemos. Ele enviou seu Filho para morrer por nossos pecados e nos garantir acesso à sala do trono.

O que levaria toda aquela geração a se recusar a subir e ver Deus? Medo do compromisso que nasce com a intimidade com Deus! O compromisso de se manter em santidade para proteger a intimidade. Afinal, não há intimidade sem compromisso. Jesus quer uma noiva, não uma namorada. Namoradas querem presentes, bombons e flores. Noivas querem um anel de compromisso. Esse compromisso altera nossa escala de prioridades e valores.

Moisés priorizou a presença de Deus em sua vida, e isso determinou o toque que recebeu e a qualidade da conexão com aquele que o chamou. De igual modo, o Espírito Santo continua dizendo: "Sobe, sobe o monte. Há mais de Deus para sua vida". No entanto, a maioria daqueles que ousam subir para na metade do caminho.

Deus tinha planos maravilhosos para Arão e seus filhos, bem como para outros integrantes da tribo de Levi. No entanto, determina que eles devem adorar de longe. Por quê? A resposta é: Deus sabia dos pecados que fermentavam no coração desses homens. E agora eles estavam expostos à absoluta e perturbadora santidade de Deus. Era Deus dizendo: "Seus pecados os impedem de receber a plenitude, estão roubando sua comunhão

EM **ESPÍRITO** E EM **VERDADE**

comigo. Vocês não me conhecerão enquanto tiverem pecados ocultos".

Arão tinha sérios problemas para se sujeitar a Moisés. Na primeira chance que teve, rebelou-se contra ele para fazer a vontade do povo e construiu um bezerro de ouro. No fundo, ele se achava melhor que Moisés, o que ficou evidente quando chegou a questionar a autoridade daquele a quem Deus havia levantado para liderar e governar. Além disso, Arão tinha uma personalidade permissiva e sensual, o que se comprova pelas orgias envolvidas no culto ao bezerro. Os sacerdotes Nadabe e Abiú, por sua vez, eram adúlteros e representam uma geração de líderes que hoje se entregam avidamente à pornografia e aos pecados sexuais. Além deles, havia setenta anciãos, cheios de soberba, símbolos da falta de humildade. A intenção de Deus era levá-los à sua presença. Ele é um Deus de misericórdia, e aquelas expressões tremendas de trovões e relâmpagos tinham o objetivo de fazer nascer temor em seus corações. Ainda assim, o desígnio divino era que cada um deles se arrependesse de seus pecados e se santificasse. Se houvesse quebrantamento e contrição, o próprio Deus transformaria cada coração, tratando o orgulho que antecede a queda e moldando-os de dentro para fora. Deus não queria aqueles homens estagnados bem no meio da subida; ele os queria na sua presença.

Com a sequência dos fatos, percebemos que, do meio da montanha, em vez de subirem, eles desceram. Com isso, Moisés se tornou o único a provar da presença quase palpável de Deus (Êxodo 24:13-15). Enquanto ele contemplava a glória e vivia experiências arrebatadoras na presença de Deus, os demais permaneceram na base da

5 | Sobe até aqui

montanha até se tornarem totalmente incrédulos. É isso que acontece quando vamos apenas até o meio do caminho: tornamo-nos mornos, inconstantes, volúveis e instáveis. Nesse nível, temos medo de orar por milagre e curas, sem a convicção de que Deus responderá a esse tipo de oração. Lutamos para manter a chama acesa, mas a tendência é a estagnação. Tornamo-nos inseguros e superficiais, enquanto deveríamos estar incendiados pelo amor de Deus e cheios de seu Espírito.

O plano de Deus prevê que, por meio daqueles a quem ele deseja usar, seu poder sobrenatural se manifeste na terra, e os sinais e as maravilhas respaldem a pregação dos que creem, para que Jesus seja apresentado de forma adequada aos homens, não apenas com sabedoria humana e persuasão de palavras, mas também com demonstração de poder.

Moisés subiu e recebeu instruções e revelações que transformariam, de forma irreversível, não apenas Israel, mas toda a história da humanidade: "Então, disse o Senhor a Moisés: Sobe a mim, ao monte, e fica lá; dar-te-ei tábuas de pedra, e a lei, e os mandamentos que escrevi, para os ensinares. Levantou-se Moisés com Josué, seu servidor; e subiu Moisés ao monte de Deus" (Êxodo 24:12-13). O homem que Deus escolheu para liderar Israel passou quarenta dias no topo do monte e ali recebeu nada menos que os Dez Mandamentos e todas as orientações para a construção do tabernáculo — o local da habitação de Deus.

6

TABERNÁCULOS: LOCAIS DE ADORAÇÃO

> Sabemos que, se a nossa casa terrestre deste tabernáculo se desfizer, temos da parte de Deus um edifício, casa não feita por mãos, eterna, nos céus. E, por isso, neste tabernáculo, gemermos, aspirando por sermos revestidos da nossa habitação celestial.
>
> 2Coríntios 5:1-2

Um dos títulos de Jesus no Novo Testamento é "o último Adão", ou o "segundo Adão". "Pois assim está escrito: O primeiro homem, Adão, foi feito alma vivente" (1Coríntios 15:45). O evento da criação de Eva revela muito sobre os desígnios de Deus para a igreja, a noiva de Cristo. Na ocasião, Deus provocou em Adão um sono profundo, um estado semelhante à morte, e removeu uma costela de seu corpo. De um elemento retirado da lateral de Adão, Deus formou uma mulher, uma companheira íntima para ele, alguém da mesma espécie, com quem ele poderia ter comunhão.

O segundo Adão, Jesus, entrou na morte por nós, foi traspassado por uma lança na cruz, e de sua lateral verteram os elementos com os quais a igreja passou a ser edificada, sangue e água (João 19:34). Com essas substâncias, Deus está formando e constituindo a noiva de Cristo. Um dos maiores desejos de uma pessoa é casar-se com alguém a quem ame profundamente e que corresponda a esse amor. De igual modo, Jesus aguarda o dia em que ele e sua noiva se encontrarão, e procura aqueles que o vão amar da mesma forma. Foi esse anseio por comunhão, explícito nas Escrituras, que provocou a paixão de Cristo.

Imagine o que foi a comunhão desfrutada pelo primeiro Adão. Deus o colocou em um ambiente perfeito, no qual ele desfrutaria comunhão perfeita com Deus. Mas ela foi perdida no jardim do Éden e, ali, nós vemos o primeiro tabernáculo.

O TABERNÁCULO, DO ÉDEN À IGREJA

O livro de Gênesis relata, passo a passo, o processo pelo qual o homem se afastou de Deus. Ao quebrar a aliança com ele, Adão e Eva foram lançados fora do jardim do Éden, da perfeita e íntima comunhão que tinham com Deus. Separados dessa plena comunhão, eles geraram Caim e Abel.

Quando Caim decidiu matar Abel, levou o irmão para o campo: "Disse Caim a Abel, seu irmão: Vamos ao campo. Estando eles no campo, sucedeu que se levantou Caim contra Abel, seu irmão, e o matou" (Gênesis 4:8). "Campo" (no hebraico, *sãdhay*) é o mesmo termo usado para o lugar à frente da tenda da congregação em que os israelitas faziam sacrifícios, o átrio. Temos aqui, então, a primeira figura do tabernáculo.

"Tabernáculo" é uma palavra derivada do latim *tabernaculum* e significa "tenda", "cabana" ou "barraca". Em hebraico, *mishkau*, tabernáculo, é a divina morada. Também podemos ver o tabernáculo prefigurado no monte Sinai:

E subiu Moisés a Deus, e o Senhor o clamou do monte, dizendo: Assim falarás à casa de Jacó e

6 | Tabernáculos: locais de adoração

anunciarás aos filhos de Israel: Vós tendes visto o
que fiz aos egípcios, como vos levei sobre asas de
águia e vos trouxe a mim; pois, se diligentemente
ouvirdes a minha voz guardares o meu concerto,
então sereis minha propriedade peculiar dentre
todos os povos, porque toda a terra é minha. E
vós me sereis reino de sacerdotes e povo santo.
(Êxodo 19:4-6)

Então, disse o Senhor a Moisés: "Sobe a mim, ao monte, e fica lá; dar-te-ei tábuas de pedra, e a lei, e os mandamentos que escrevi, para os ensinares" (Êxodo 24:12).
Moisés obedeceu e entrou em um nível de aliança e intimidade com Deus que os outros não puderam provar,
por quarenta dias e quarenta noites. Então, ele recebeu a
revelação do tabernáculo, das cerimônias, dos utensílios,
até receber outro comando de Deus: "Vai, desce; porque o teu povo, que fizeste sair do Egito, se corrompeu
e depressa se desviou do caminho que lhe havia eu ordenado; fez para si um bezerro fundido, e o adorou, e lhe
sacrificou, e diz: São estes, ó Israel, os teus deuses, que
te tiraram da terra do Egito" (Êxodo 32:7-8). O povo se
corrompeu e Deus se arrependeu. "Disse mais o Senhor
a Moisés: Tenho visto este povo, e eis que é povo de dura
cerviz. Agora, pois, deixa-me, para que se acenda contra
eles o meu furor, e eu os consuma; e de ti farei uma grande
nação" (Êxodo 32:9-10).

Assim, vemos a edificação de tabernáculos ao longo de
toda a história do povo de Deus, desde o Éden, passando
pelos patriarcas, o tabernáculo de Moisés, o tabernáculo
de Davi, o templo de Salomão, o tempo de Zorobabel e,

EM **ESPÍRITO** E EM **VERDADE**

por fim, Jesus e a nós, a igreja — a restauração do tabernáculo de Davi (Atos 15:16). Hoje, somos os tabernáculos de Deus (1Coríntios 6:19).

Esta é a descrição detalhada do tabernáculo, conforme dada por Deus:

> Então, disse o Senhor a Moisés: Sobe a mim, ao monte, e fica lá; dar-te-ei tábuas de pedra, e a lei, e os mandamentos que escrevi, para os ensinares. Levantou-se Moisés com Josué, seu servidor; e, subindo Moisés ao monte de Deus, disse aos anciãos: Esperai-nos aqui até que voltemos a vós outros. Eis que Arão e Hur ficam convosco; quem tiver alguma questão se chegará a eles. Tendo Moisés subido, uma nuvem cobriu o monte. E a glória do Senhor pousou sobre o monte Sinai, e a nuvem o cobriu por seis dias; ao sétimo dia, do meio da nuvem, chamou o Senhor a Moisés. O aspecto da glória do Senhor era como um fogo consumidor no cimo do monte, aos olhos dos filhos de Israel. E Moisés, entrando pelo meio da nuvem, subiu ao monte; e lá permaneceu por quarenta dias e quarenta noites. Disse o Senhor a Moisés: Fala aos filhos de Israel que me tragam oferta; de todo homem cujo coração o mover para isso, dele recebereis a minha oferta. Esta é a oferta que dele recebereis: ouro, e prata, e bronze, e estofo azul, e púrpura, e carmesim, e linho fino, e pelos de cabra, e peles de carneiro tintas de vermelho, e peles finas, e madeira de acácia, azeite para a luz, especiarias para o óleo de unção e para o incenso aromático, pedras de ônix e pedras de engaste, para a estola sacerdotal e para o peitoral. E me farão um santuário, para que eu possa habitar

no meio deles. Segundo tudo o que eu te mostrar para modelo do tabernáculo e para modelo de todos os seus móveis, assim mesmo o fareis. (Êxodo 24:12—25:9)

Desde aquele momento até o reinado do rei Salomão, esse seria o lugar no qual Deus encontraria seu povo — sua santa habitação, o templo do encontro de Deus com o homem. Para se chegar até o local onde a presença divina estava, a Arca da Aliança, era preciso passar pelo átrio, o Lugar Santo e, finalmente, chegar ao Lugar Santíssimo, ou Santo dos Santos.

No átrio, uma espécie de pátio aberto, eram realizados os sacrifícios. No Lugar Santo, os sacerdotes executavam ofícios sagrados. E, no Santo dos Santos, onde só podia entrar o sumo sacerdote, e só uma vez ao ano, ficava a arca contendo o maná, a vara de Arão e as tábuas com os Dez Mandamentos. A santidade era um pré-requisito essencial para se chegar à presença de Deus manifesta naquele local.

O átrio simboliza o local em que Deus começa a tratar com a carne, a fim de crucificá-la. Logo, é lugar de luta e onde o confronto em oração com o pecado pode gerar culpa. Já o Lugar Santo é o local em que você começa a ser tratado pela presença de Deus e o senso de culpa desaparece. Ali, as palavras de oração começam a fazer sentido, rios começam a jorrar em nosso interior, as línguas são vivas, a presença de Deus se manifesta e, talvez, comecemos a chorar!

Por fim, o Santo dos Santos é o lugar em que ocorre a morte do eu. Ficamos tão cheios do Espírito Santo que

EM ESPÍRITO E EM VERDADE

não conseguimos falar. As palavras se tornam inadequadas, e nossa atenção se volta não mais ao que Deus pode fazer por nós, mas a conhecê-lo. As pessoas que experimentam isso são aquelas a quem Deus pode confiar sua unção. Essa é a essência da adoração.

7

A GLÓRIA DE DEUS

Disse Moisés ao Senhor: Tu me dizes: Faze subir este povo, porém não me deste saber a quem hás de enviar comigo; contudo, disseste: Conheço-te pelo teu nome; também achaste graça aos meus olhos. Agora, pois, se achei graça aos teus olhos, rogo-te que me faças saber neste momento o teu caminho, para que eu te conheça e ache graça aos teus olhos; e considera que esta nação é teu povo. Respondeu-lhe: A minha presença irá contigo, e eu te darei descanso. Então, lhe disse Moisés: Se a tua presença não vai comigo, não nos faças subir deste lugar. Pois como se há de saber que achamos graça aos teus olhos, eu e o teu povo? Não é, porventura, em andares conosco, de maneira que somos separados, eu e o teu povo, de todos os povos da terra? Disse o Senhor a Moisés: Farei também isto que disseste; porque achaste graça aos meus olhos, e eu te conheço pelo teu nome. Então, ele disse: Rogo-te que me mostres a tua glória. Respondeu-lhe: Farei passar toda a minha bondade diante de ti e te proclamarei o nome do Senhor; terei misericórdia de quem eu tiver misericórdia e me compadecerei de quem eu me compadecer. E acrescentou: Não me poderás ver a face, porquanto homem nenhum verá a minha face e viverá. Disse mais o Senhor: Eis aqui um lugar junto a mim; e tu estarás sobre a penha. Quando passar a minha glória, eu te porei numa fenda da penha e com a mão te cobrirei, até que eu tenha passado. Depois, em tirando eu a mão, tu me verás pelas costas; mas a minha face não se verá.

Êxodo 33:12-23

7 | A glória de Deus

Moisés disse a Deus que, sem a sua presença, ele não iria a lugar algum, pois conhecia os benefícios da presença de Deus. Com ele, ninguém lhes faria mal; sem ele, os israelitas estariam frágeis, reduzidos a nada. Deus, amoroso, responde: "A minha presença irá contigo, eu te darei descanso". Essa passagem mostra as maravilhas da presença de Deus, conforme ele se manifestava na época do Antigo Testamento.

Essa realidade era vista por todos na vida de pessoas que caminharam com o Senhor, como Abrão, Gideão, Josué e Isaías. Hoje, quem está na terra somos nós e, da mesma forma, precisamos da presença divina nos guiando, abrindo portas, derrubando obstáculos, derretendo corações e nos transformando. Há, porém, uma condição necessária para se obter e manter a presença de Deus em nossas vidas: a busca constante dele, em humildade. Por isso, nossa maior preocupação deve ser a de continuarmos buscando a Deus, a fim de assegurar sua presença conosco. Não se engane: quem está em pecado não desfruta a mesma presença de Deus. Para Deus estar conosco e nos usar, não podemos viver segundo a carne, mas em espírito e em verdade.

Se, na época de Moisés, a glória de Deus se manifestava no meio de uma nuvem, hoje nós a encontramos na oração. Essa é uma glória que se revela por meio de seu amor, bondade, misericórdia e compaixão. Moisés queria desesperadamente a glória de Deus porque ela lhe oferecia esperança e respaldo na luta contra o pecado.

EM **ESPÍRITO** E EM **VERDADE**

Busque Jesus e você verá a glória de Deus. Essa revelação o limpará e a presença de Deus o capacitará. Não busque sinais, não espere o edifício tremer, nem uma imposição de mãos que resolva sua vida. Busque unicamente o Senhor — em espírito e em verdade.

O VÉU QUE SEPARAVA JÁ NÃO SEPARA MAIS

Nós queremos que Deus transforme o mundo. No entanto, ele não fará isso antes de nos transformar. A igreja de Jesus é sua embaixada na terra. Como embaixadores, o sucesso de nosso trabalho depende da comunhão que temos com aquele que nos enviou. Se essa comunhão está fundamentada em vantagens que ele possa oferecer, na forma como minha vida pode ser melhor e mais próspera, na rapidez com que ele vai responder à minha oração ou fazer a minha vontade, então isso significa que realmente não compreendi a boa-nova. Afinal, o verdadeiro evangelho de Cristo me ensina a buscar o Reino de Deus em primeiro lugar e, como consequência, todas as outras coisas me serão acrescentadas (Mateus 6:33). Essa é a diferença entre procurar as mãos ou a face de Deus, ou seja, o favor dele ou sua pessoa. Se você procura as mãos de Deus, não conhecerá sua face; se procura a face, as mãos se estenderão a você.

Jesus tratou essa igreja que não o adora em espírito e em verdade em Apocalipse, na carta escrita à congregação de Laodiceia: morna, independente, materialista, soberba e altiva. As chances de essa igreja obter o favor de Deus depende de se humilhar e descer à olaria do Senhor. Deus, o oleiro, nos moldará ao que precisamos ser. Se nos

7 | A glória de Deus

submetermos ao toque do oleiro, ele refará nosso vaso quantas vezes se fizerem necessárias. Da mesma forma que ele transformou pescadores incultos em revolucionários, e cobradores de impostos de má fama em avivalistas destemidos, ele nos transformará em vasos para sua honra e glória!

Nós clamamos por avivamento e esperamos que Deus se manifeste, como ele fez tantas vezes ao longo da história da igreja. Houve avivamentos em que a glória de Deus se manifestou com tamanha intensidade que congregações inteiras não podiam ficar de pé. Houve avivamentos como o da rua Azuza, em Los Angeles, em que a presença de Deus foi intensa. Nós precisamos de um avivamento, que, contudo, não ocorrerá se não houver mudança de curso da igreja. Esta geração está muito próxima de um avivamento, mas a "equação do avivamento" ainda é a mesma: "Se o meu povo, que se chama pelo meu nome, se humilhar, orar e me buscar [a sua face], e se converter de seus maus caminhos, então eu ouvirei dos céus, perdoarei os seus pecados e sararei a sua terra" (2Crônicas 7:14). A condição interior que exige o véu é essa; é o que cega o entendimento, o que interrompe o fluxo de derramamento do Espírito. Portanto, quando não há véu, vem o desejo ardente de ver a glória de Deus, de vê-lo face a face. Essa é uma das chaves mais importantes para o avivamento e para o cumprimento dos propósitos de Deus sobre a terra.

O avivamento é a remoção do véu entre Deus e os homens, o véu que Deus nunca quis. O que ele deseja ter com seus filhos é a mesma comunhão perdida por Adão, no jardim do Éden. O Pai ama estar com os filhos. Assim,

EM **ESPÍRITO** E EM **VERDADE**

a vontade de Deus era que todo o seu povo o conhecesse. No monte Sinai, Deus queria escrever os Dez Mandamentos para todos, mas somente Moisés foi ao cimo, pois o povo não se santificou. Com isso, Moisés se tornou o porta-voz de Deus, sendo obrigado a usar um véu para esconder sua face, pois seu rosto resplandecia, e o povo não conseguia suportar aquela glória. Nunca foi o desejo do Senhor ocultar sua glória, mas, sim, manifestá-la, para que o homem nela habitasse e a desfrutasse sem a necessidade de um véu que os separasse. Os véus entre Deus e o homem sempre provam que a condição exigida por ele não foi encontrada, pois sua função é esconder a glória de Deus. Quando Moisés subiu sozinho o monte Sinai, os israelitas já tinham virado as costas para fugir de Deus, após ele lhes pedir que se aproximassem. Somente Moisés se aproximou da nuvem da presença divina. Em temor e tremor, Israel, por causa de seus pecados, havia implorado que Moisés e, depois, os sacerdotes araônicos se colocassem entre eles e o temível Deus.

Enquanto Moisés buscava a presença de Deus em favor dos israelitas, no alto do monte, seu irmão Aarão, o sumo sacerdote, constrangido pela pressão do povo, concordou em fazer um bezerro de ouro para ser idolatrado, referência a uma das deidades mais importantes no Egito — Hathor, considerada a deusa do amor, da beleza, da música, da maternidade, da alegria e da dança. Hator costumava ser representada como uma vaca, uma mulher com cabeça de vaca ou uma mulher com chifres. Era a mesma Semíramis, da Babilônia, cuja idolatria se disseminou pela terra em todas as formas de culto à deusa, com nomes diferentes. Essa idolatria representa incredulidade,

7 | A glória de Deus

humanismo e carnalidade, pois o culto a essa entidade envolvia promiscuidade, orgias, prostituição, pornografia e imoralidade.

Moisés foi além e não se conformou com nada menos que a glória de Deus. Depois do desastre do bezerro de ouro, Deus disse a Moisés que ainda permitiria que os israelitas subissem até a terra prometida, mas dessa vez um anjo iria à frente deles (Êxodo 33:3). Quando Moisés pediu que Deus lhe mostrasse sua glória, o Senhor lhe avisou que nenhum homem poderia vê-lo e viver. Tudo que Moisés queria era Deus, e desejá-lo é a maior alegria que podemos lhe proporcionar. Aquele homem compreendeu que era muito bom ter Deus por perto, mas o melhor mesmo era ir com ele, pois queria a permanência do Senhor, e não somente uma visita.

Os israelitas estavam ocupados demais fazendo listas de pedidos e reclamações referentes às suas necessidades físicas e pessoais. É o que a maioria faz nos dias de hoje. Moisés, no entanto, queria algo mais. Ele experimentou os milagres, ouviu a voz de Deus e testemunhou seu poder de libertação. Mais do que ninguém, ele provou da manifestação da presença de Deus em visitações temporárias. Mas tudo o que viu ou experimentou indicava que havia ainda mais esperando por ele, para além da nuvem. Moisés ansiava por mais que uma visitação; sua alma queria a permanência do Senhor. Ele queria mais do que ver o dedo de Deus ou ouvir sua voz através de uma nuvem ou de uma sarça ardente.

Moisés ultrapassou a barreira do medo e chegou ao amor. Assim, a presença de Deus, sua habitação, passou a ser seu maior anseio. Por isso, ele implorou a Deus:

EM **ESPÍRITO** E EM **VERDADE**

"Rogo-te que me mostres a tua glória" (Êxodo 33:18). Ele queria ver a face do Senhor e Deus foi rápido em atender ao pedido de Moisés por Israel. Sua presença continuaria a ir adiante deles, mas ele não atendeu, diretamente, ao pedido mais urgente de Moisés. O Senhor lhe disse para se apresentar a ele sobre a pedra, na manhã seguinte, e ele o esconderia na fenda da pedra, enquanto estivesse passando com sua glória (Êxodo 33:22-23). Depois que ele passou, retirou sua mão da fenda para que Moisés pudesse ver "as costas" de sua glória desaparecendo ao longe. E contemplar a glória de Deus elevou Moisés a uma dimensão de eternidade, a dimensão que Deus habita. Espírito. Verdade.

Tempo e espaço são unidades da nossa dimensão, e Moisés, com essa experiência, penetra uma dimensão em que não há passado, presente ou futuro, mas, sim, o que foi, o que é e o que será. Ali, ele se tornou capaz de entender o que havia sido, a ponto de poder ditar para as gerações seguintes o livro de Gênesis, descrevendo em detalhes a própria criação. Não foi algo aprendido por meio das tradições; foi, de fato, uma revelação. Moisés mergulhou numa dimensão de revelação tão profunda que, para ele, foi possível discernir o plano de Deus para a humanidade — a ponto de ver a cruz de Cristo (Hebreus 11:24-26).

A conclusão dessa história não pode ser encontrada no Antigo Testamento. Para encontrar o desfecho da fome que teve início na vida de Moisés, você tem de avançar 1.500 anos na história. A oração de Moisés pedindo a Deus que lhe revelasse sua glória continuou a ecoar nos ouvidos de Deus ao longo dos séculos, até o dia em que

7 | A glória de Deus

Jesus, muitas gerações depois, chamou seus discípulos para ir até um monte em Israel. Naquele dia, Jesus os levou ao monte e começou a orar. Mas os discípulos caíram no sono.

> Cerca de oito dias depois de proferidas estas palavras, tomando consigo a Pedro, João e Tiago, subiu ao monte com o propósito de orar. E aconteceu que, enquanto ele orava, a aparência do seu rosto se transfigurou e suas vestes resplandeceram de brancura. Eis que dois varões falavam com ele, Moisés e Elias. E eles apareceram em glória e falavam da sua partida, que ele estava para cumprir em Jerusalém. Pedro e seus companheiros achavam-se premidos de sono; mas, conservando-se acordados, viram a sua glória e os dois varões que com ele estavam.
>
> Ao se retirarem estes de Jesus, disse-lhe Pedro: Mestre, bom é estarmos aqui; então façamos três tendas: uma será tua, outra de Moisés e outra de Elias, não sabendo, porém, o que dizia. Enquanto assim falava, veio uma nuvem e os envolveu; e encheram-se de medo ao entrarem na nuvem. (Lucas 9:28-34)

Hoje, chamamos aquele local de Monte da Transfiguração, pois a Bíblia diz que as vestes do Senhor resplandeceram de brancura. O termo grego original para "resplandecer", *exastrapto*, significa "reluzir como um raio, brilhar, estar radiante". Enquanto os discípulos dormiam, Jesus estava sozinho, e sua glória estava sendo revelada, banhando a terra com sua luz, a luz da glória de Deus que existe desde sempre!

EM ESPÍRITO E EM VERDADE

Isso nos leva a uma decisão entre a fome e o sono. Ou seremos movidos pela fome ou cederemos ao sono espiritual. Naquele momento, era como se Deus tivesse ordenado: "Tudo bem, Miguel, Gabriel, busquem Moisés! Já é hora de ele ver minha glória". Então, Moisés desceu a um lugar no qual nunca estivera, a terra prometida de seu povo, pois, em sua existência mortal, só pôde contemplá-la de longe. Ele orou para ver a glória de Deus, mas nunca pôde vê-la, até a sua morte. Naquele dia, 1.500 anos após sua morte, tendo sua oração ecoado aos ouvidos do Senhor ao longo dos séculos, Moisés viu a revelação da glória de Deus. Pois a revelação da glória de Deus é JESUS.

De igual modo, quando as orações da igreja subirem aos céus com uma intensidade cada vez maior, ressoarem nos ouvidos de Deus em espírito e em verdade, então o Senhor não vai mais esperar. Ele não desprezará as orações dos quebrantados e contritos que buscam sua face. Virá o dia em que o Senhor dirá de seu trono: "Está na hora". Nós nos empolgamos com revelações momentâneas da parte de Deus, mas ele quer que nos esforcemos na busca de seus mistérios.

O caminho para o reavivamento é negar a si mesmo, tomar sua cruz e seguir Cristo (Mateus 16:24-26). Por quê? Porque a nossa carne afasta a glória de Deus. O Deus de Moisés deseja revelar-se a você hoje, mas lembre-se de que esta bênção tem um preço. Você precisa se dispor a morrer e, quanto mais morrer, mais o Senhor se aproximará.

8

A GLÓRIA DE DEUS OU A GLÓRIA DOS HOMENS

| Óh, Senhor, tenho-o sempre à minha presença... |
SALMOS 16:8

Quando o salmista Davi faz essa declaração, em essência ele está dizendo: "Em tudo que faço, minha atenção está sobre Deus. Faço tudo focando Deus, para sua honra, glória e vontade". O versículo seguinte expressa o resultado dessa atitude: "Alegra-se, pois, o meu coração, e o meu espírito exulta" (Salmos 16:9). Isso significa dizer que ele encontrou muita alegria em Deus.

Este era o padrão de Davi: viver sempre para a glória de Deus e, consequentemente, alegrar-se nela sempre. Enquanto não faço dele minha fonte de alegria, a vida será incompleta e haverá sempre um sentimento de insatisfação plena. Na verdade, todo ser humano terá de escolher entre viver em busca da glória dos homens ou fazer da glória de Deus sua obsessão.

O apóstolo Pedro abordou, em sua primeira carta, a transitoriedade da glória do homem, e alertou sobre o perigo de se edificar sobre um alicerce tão instável e efêmero: "Porque toda a carne é como a erva, e toda a glória do homem como a flor da erva. Secou-se a erva, e caiu a sua flor; mas a Palavra do Senhor permanece para sempre; e esta é a palavra que entre vós foi evangelizada" (1Pedro 1:24-25). Em outras palavras, Pedro diz que podemos nos gloriar em conquistas, realizações, títulos, méritos pessoais, inteligência, diplomas, casa, carro, até mesmo em seu ministério! Porém, nem toda a glória do mundo somada se compara à glória de conhecer a Deus (Jeremias 9:23-24).

A glória do homem precisa ir para que a glória de Deus possa vir. Afinal, toda glória humana está fundamentada em orgulho e vaidade, é carnal e alimenta o ego, sempre viciado em roubar a glória que é de Deus. Somos como vasos, que devem estar vazios para que sejam cheios por Deus. A glória de Deus e a glória do homem não podem coexistir, assim como dois corpos não ocupam o mesmo espaço. Quem escolhe a glória do homem deposita muita confiança em esforços e expedientes humanos. De forma sutil, vai-se afastando do alvo, até que a fonte de sua satisfação deixa de ser Deus e sua vontade, passando a ser o ilusório, embriagante e anestésico reconhecimento dos homens (Romanos 3:23).

A sociedade classifica os homens por posses, poder aquisitivo, formação, aparência exterior, raça e condição social, e os recompensa com a glória dos homens e seus aplausos. Deus, não. Ele avalia o homem por sua fé e pela capacidade de amar. Um homem rico no plano físico pode ser paupérrimo no mundo espiritual. A glória humana acaba, é passageira, perece e desmorona, mas a glória de Deus, não. A glória de Deus nunca terá fim! A glória de Deus jamais passará! A glória de Deus é eterna! É importante saber, portanto, que Deus possui glória em si mesmo, ou seja, sua glória é intrínseca à sua natureza (Isaías 6:3). Não podemos aumentá-la ou diminuí-la. Se vivermos como bem entendermos, isso não afetará Deus, mas poderá afetar o testemunho a respeito de Deus no mundo. O homem, por sua vez, só tem a glória que Deus decide dar-lhe.

EM **ESPÍRITO** E EM **VERDADE**

Deus não divide sua glória com ninguém. Biblicamente, toda vez que o homem quis reter a glória que é de Deus, a coisa não acabou bem. A história de Nabucodonosor ilustra essa verdade (Daniel 4:30-32), assim como a de Herodes (Atos 12:21-23). Isso ocorre porque Deus não distribui a própria natureza (Isaías 48:11). Quando Deus dá de sua glória a alguém, é ele mesmo quem vai habitar nessa pessoa. Mas a glória nunca é do receptor, pois Deus não se despe dela.

A GLÓRIA DE DEUS

Desde as primeiras páginas da Bíblia, fica evidente e gritante o objetivo do Criador ao formar a humanidade: termos comunhão e intimidade com ele. Como Pai, ele quer a comunhão com seus filhos, quer tornar-se conhecido, quer revelar-se e revelar sua glória.

Nos três primeiros dias da criação, Deus fez os céus, os oceanos, a terra seca e também o mundo vegetal (Gênesis 6:13). Deus criou todas as coisas pelo poder de sua palavra: ao conjugar verbos imperativos, ele dá origem a tudo. Havia uma luz poderosa que, além de iluminar, fornecia energia, pois o reino vegetal precisa realizar a fotossíntese para sobreviver. No entanto, o Sol ainda não existia, pois os luminares foram criados somente no quarto dia (Gênesis 1:14-19). Quem, então, iluminou a terra entre o primeiro e o quarto dia? Que luz iluminou a terra antes da criação do Sol?

A resposta está no último livro da Bíblia: "Ele tinha na destra sete estrelas; da boca saía uma espada de dois gumes, e o rosto era como o sol quando brilha na

8 | A glória de Deus ou a glória dos homens

sua força" (Apocalipse 1:16). Quando Jesus chamou os três discípulos mais próximos e subiu ao monte depois conhecido como Monte da Transfiguração, seu rosto resplandeceu como o sol, e suas vestes tornaram-se brancas como a luz (Mateus 17:2). Quando o Espírito de Deus pairava sobre a terra, o próprio Deus declara: "Haja luz". E, então, Jesus mostra sua glória, sua face, e esse poder, em forma de luz, resplandecia e iluminava, fornecendo vida ao reino já criado. Temos aqui a manifestação da glória de Deus antes da criação.

A criação veio a existir para a glória de Deus e de Jesus Cristo: "Pois nele foram criadas todas as cousas, nos céus e sobre a terra, as visíveis e as invisíveis, sejam tronos, sejam soberanias, quer principados, quer potestades. Tudo foi criado por meio dele e para ele" (Colossenses 1:16). "E o Verbo se fez carne, e habitou entre nós, cheio de graça e de verdade, e nós vimos a sua glória, glória como do unigênito do Pai" (João 1:14).

Embora a glória de Cristo seja permanente, como seus demais atributos, essa manifestação de sua glória foi temporária. Um dia, os homens o crucificaram e extinguiram a maior expressão da glória de Deus. Porém, a profecia estabelece: "Então aparecerá no céu o sinal do Filho do homem; todos os povos da terra lamentarão e verão o Filho do homem vindo sobre as nuvens do céu com poder e muita glória" (Mateus 24:30). Esse sinal, do qual Jesus fala, será a manifestação ímpar de sua glória, o brilho total de Deus descendo do céu na pessoa de nosso Senhor. O que acontecerá depois é que estaremos em sua presença, dando toda a glória a ele, na plenitude do espírito e da verdade:

EM **ESPÍRITO** E EM **VERDADE**

Depois destas cousas, vi, e eis grande multidão que ninguém podia enumerar, de todas as nações, tribos, povos e línguas, em pé diante do trono e diante do Cordeiro, vestidos de vestes brancas, com palmas nas mãos; e clamavam em grande voz, dizendo: Ao nosso Deus que se assenta no trono, e ao Cordeiro, pertence a salvação. (Apocalipse 7:9-10)

Se vimos a glória de Deus no passado e temos alguma ideia da glória que virá no futuro, é importante que saibamos que a glória dele se manifesta no presente em nós. É nosso privilégio, propósito e dever manifestar a glória de Deus. Paulo nos diz que somos um templo santo que a abriga: "no qual também vós juntamente estais sendo edificados para habitação de Deus no Espírito" (Efésios 2:22). O objetivo número um da igreja é glorificar a Deus e expressar sua glória na terra — até porque nós fomos criados para sua glória. Toda a criação rende glória a ele (Salmos 19:1; Isaías 43:20; Lucas 2:14) e nossa missão é a mesma:

Anunciai entre as nações a sua glória; entre todos os povos as suas maravilhas. Porque grande é o Senhor, e digno de louvor, mais temível do que todos os deuses. Porque todos os deuses dos povos são ídolos, mas o Senhor fez os céus. Glória e majestade estão ante a sua face, força e formosura no seu santuário. Dai ao Senhor, ó famílias dos povos, dai ao Senhor glória e força. Dai ao Senhor a glória devida ao seu nome; trazei oferenda, e entrai nos seus átrios. Adorai ao Senhor na beleza da santidade; tremei diante dele toda a terra. Dizei entre os gentios que o Senhor reina. (Salmos 96:3-10)

8 | A glória de Deus ou a glória dos homens

Nesse momento, é natural que surja a seguinte pergunta: o que é exatamente a glória de Deus? É importante que saibamos que não se trata de uma manifestação física, ainda que possa manifestar-se fisicamente (como vimos na nuvem, na coluna de fogo e nos relâmpagos do Sinai). Tampouco é uma luz mística que nos envolve, ainda que nos possa iluminar e ofuscar, como aconteceu com Paulo. Em termos simples, a glória de Deus é uma revelação de sua natureza e de seus atributos.

Quando Deus escolhe nos mostrar sua glória, é uma revelação de quanto ele quer ser conhecido por nós. Perceba que, quando o Senhor enviou Moisés para libertar Israel, disse-lhe: "Vá, e diga que EU SOU te enviou", mas não deu explicação de quem o EU SOU era. Então, Moisés pede: "Rogo-te que me mostres a tua glória" (Êxodo 33:18), pois aquele homem tinha uma fome torturante de saber quem era o grande EU SOU, qual era a essência de sua natureza e de seu caráter. E Deus respondeu à oração de Moisés, apresentando sua glória em uma simples revelação: "E, passando o Senhor por diante dele, clamou: Senhor, Senhor Deus compassivo, clemente e longânimo e grande em misericórdia e fidelidade; que guarda a misericórdia em mil gerações, que perdoa a iniquidade, a transgressão" (Êxodo 34:6-7).

Sempre que Deus revela sua glória ao povo, tem um propósito em mente. Ele permitiu que Moisés visse sua glória para que ele fosse transformado mediante a compreensão dela. O mesmo é real para nós, hoje. Jesus Cristo é a imagem expressa de quem Deus é; o Pai reuniu todo o seu caráter no Filho. Quando nosso Senhor se tornou carne, foi uma revelação plena da natureza de Deus — sua

EM ESPÍRITO E EM VERDADE

misericórdia, graça, bondade e prontidão para perdoar (Colossenses 2:9; Hebreus 1:3).

Isso vale para todo aquele que recebe a revelação da glória de Deus. Nós, que estamos em Cristo, devemos ser transformados em uma expressão da natureza amorosa, perdoadora e misericordiosa de Deus. A glória nos transforma! Paulo diz que contemplá-la tem o poder de transformar quem a contempla: "E todos nós, com o rosto desvendado, contemplando, como por espelho, a glória do Senhor, somos transformados, de glória em glória, na sua própria imagem, como pelo Senhor, o Espírito" (2Coríntios 3:18).

O primeiro efeito da glória de Deus é uma mudança em nosso relacionamento com ele. Quando Moisés viu a revelação da glória de Deus, caiu de joelhos e o adorou (Êxodo 34:8). Ele ficou tão tocado com o que viu — quão misericordioso, paciente e amoroso Deus é com seus filhos, mesmo com os que o entristecem — que o adorou em reverência e imediatamente orou: "Senhor, dissestes que perdoarias a iniquidade e a transgressão de milhares. Bem, cá estão estes milhares diante de ti. Somos todos de dura cerviz e necessitados de misericórdia. Concede-nos a tua misericórdia. Perdoa nossos tantos pecados!" (Êxodo 34:9). A revelação da glória de Deus deve ser a fonte de toda a nossa adoração em espírito e em verdade. Deveríamos regularmente reivindicar sua glória.

O segundo efeito de se ver a glória de Deus é uma mudança no semblante: "Viam os filhos de Israel o rosto de Moisés, viam que a pele do seu rosto resplandecia" (Êxodo 34:35). O semblante de uma pessoa é a exteriorização do coração. Nesse verso, a face de Moisés simplesmente

8 | A glória de Deus ou a glória dos homens

refletia a glória de Deus em sua alma. Você pode deleitar-se na presença de Deus se quiser. Mas é algo inteiramente diferente a glória dele revelar-se em você. "Quando, porém, ao que me separou antes de eu nascer e me chamou pela sua graça, aprouve revelar seu Filho em mim, para que eu o pregasse" (Gálatas 1:15-16).

A revelação que Moisés recebeu foi gloriosa, mas foi apenas algo que ia se desvanecendo. O esplendor em sua face e em seu coração era o resultado de ele haver tido um vislumbre da natureza de Deus. Mesmo assim, quando os israelitas o viram, souberam que ele tivera uma experiência sobrenatural. Hoje, temos algo muito mais glorioso do que Moisés teve. Nós, na verdade, tocamos e apalpamos a glória de Deus. "O que era desde o princípio, o que temos ouvido, o que temos visto com os nossos próprios olhos, o que contemplamos, e as nossas mãos apalparam, com respeito ao Verbo da vida" (1João 1:1). João está dizendo: "Deus revelou a plenitude da sua glória a nós em Cristo. Vimos a sua glória encarnada em uma pessoa. E nós andamos com ele e o tocamos". A glória de Deus está em sua essência, em sua natureza. Está no seu ser, tão parte dele quanto sua graça, sua misericórdia, seu poder e seu conhecimento (Salmos 24:7-10; João 1:14).

A realidade é que ninguém pode definir glória mais do que pode definir Deus. Glória é a plenitude do Senhor, e é um assunto muito elevado para nossas mentes finitas. Contudo, conhecemos apenas em parte. Quando Deus dá sua glória, dá a si próprio e os que a buscam têm de entender que o Senhor verdadeiramente deseja dar-se a nós, o que significa que deseja revelar-nos sua plenitude.

EM **ESPÍRITO** E EM **VERDADE**

Jesus, antes de deixar a terra e voltar ao Pai celestial, orou: "Glorifica-me, ó Pai, contigo mesmo, com a glória que eu tive junto de ti, antes que houvesse mundo" (João 17:5). Ele não estava buscando mais poder, honra, força ou majestade! Ele desejava ardentemente o próprio Pai. Era como se orasse: "Meu Pai, não posso mais viver sem tua intimidade. Anseio pela unicidade, pela proximidade! Que cesse a distância; que preenchas tudo". Cristo estava no seio do Pai antes de o mundo existir. Era um com o Pai, e isso era glória. Era a união com ele que constituía o deleite e a glória de seu ser. Havia intimidade, união e unicidade.

Nós somos completos nele. Possuímos em nós tudo o que ele é! Quando Deus vem habitar em nós, vem em plenitude de glória, poder, majestade, santidade, graça e amor. Recebemos a glória de um Cristo pleno e completo, um Senhor com todos os seus atributos gloriosos (João 17:22).

Temos a Palavra de nosso Senhor, confessada diante do Pai, de que o Senhor Jesus se deu a nós de maneira tão integral e completa quanto seu Pai se deu a ele. Jesus nos deu o mesmo amor íntimo que seu Pai lhe dera, e essa é sua glória manifesta em nós. Fomos levados para a mesma relação especial de amor que o Filho compartilha com o Pai. Assim, somos feitos coparticipantes de uma glória que vai além da compreensão.

Não é reconfortante saber que somos o objeto desse amor entre Pai e Filho? Quanta honra! Cristo nos põe na palma de sua amorosa mão, nos apresenta ao Pai e diz: "Eis aí, ó Pai! São nossos! Todos pertencem a nós! São o objeto do nosso amor! Eu os amarei, Pai! Tu os amarás!

8 | A glória de Deus ou a glória dos homens

E habitaremos neles e lhes mostraremos quanto são amados!". Como nossa mente é capaz de entender isso? Aqui está o nosso Senhor dizendo ao Pai: "Eu lhes fiz conhecer o teu nome e ainda o farei conhecer, a fim de que o amor com que me amaste esteja neles" (João 17:26). Essa é uma grande revelação, e nós devemos orar para que o Espírito Santo nos guie a toda verdade.

É isto que significa ter Cristo glorificado em nós: ele é para nós tanto quanto o Pai é para ele. Tão certo quanto Deus foi glorificado no Filho, Cristo é glorificado em nós. Isso significa plenitude! Significa que realmente somos completos nele. Portanto, a glória de Deus é mais do que sua plenitude; é sua plenitude *oferecida*! É sua plenitude posta à nossa disposição. Trata-se de um Deus Todo-poderoso dando sua plenitude a seu Filho, que a traz como homem ao homem e, por sua vez, nos mostra como nos apropriarmos dela — em espírito e em verdade.

9

APROXIME-SE DO TRONO E ADORE

Entretanto, expomos sabedoria entre os experimentados; não, porém, a sabedoria deste século, nem a dos poderosos desta época, que se reduzem a nada; mas falamos a sabedoria de Deus em mistério, outrora oculta, a qual Deus preordenou desde a eternidade para a nossa glória; sabedoria essa que nenhum dos poderosos deste século conheceu; porque, se a tivessem conhecido, jamais teriam crucificado o Senhor da glória; mas, como está escrito: Nem olhos viram, nem ouvidos ouviram, nem jamais penetrou em coração humano o que Deus tem preparado para aqueles que o amam. Mas Deus no-lo revelou pelo Espírito; porque o Espírito a todas as coisas perscruta, até mesmo as profundezas de Deus. Porque qual dos homens sabe as coisas do homem, senão o seu próprio espírito, que nele está? Assim, também as coisas de Deus, ninguém as conhece, senão o Espírito de Deus. Ora, nós não temos recebido o espírito do mundo, e sim o Espírito que vem de Deus, para que conheçamos o que por Deus nos foi dado gratuitamente. Disto também falamos, não em palavras ensinadas pela sabedoria humana, mas ensinadas pelo Espírito, conferindo coisas espirituais com espirituais. Ora, o homem natural não aceita as coisas do Espírito de Deus, porque lhe são loucura; e não pode entendê-las, porque elas se discernem espiritualmente. Porém, o homem espiritual julga todas as coisas, mas ele mesmo não é julgado por ninguém. Pois quem conheceu a mente do Senhor que o possa instruir? Nós, porém, temos a mente de Cristo.

1Coríntios 2:6-16

EM **ESPÍRITO** E EM **VERDADE**

Nesse texto, vemos dois tipos distintos de cristãos: os naturais e os espirituais. A diferença entre eles está na ótica, na maneira de encarar os problemas. Os naturais limitam a si mesmos e o poder de Deus. Por isso, têm medo até mesmo de impor as mãos e orar pelos enfermos, uma vez que só veem dificuldades e lutas — sua fé vai somente até onde o natural opera. Os espirituais, por sua vez, têm conhecimento de Deus não por estudos, mas por experiências pessoais com ele. Em razão disso, sua fé não tem limites e, se Deus fala, ele crê, mesmo quando parece loucura.

Deus trabalha na terra com pessoas que têm seus propósitos alinhados aos dele. Por isso, ele não caminha na execução de seus projetos com os naturais, mas somente com os espirituais. A questão, então, é a seguinte: como alguém pode tornar-se espiritual? Para responder a isso, temos de saber em que medida essa pessoa está disposta a se aproximar de trono de Deus.

Apocalipse tem uma passagem muito interessante sobre essa questão, diretamente ligada à adoração:

> Depois destas coisas, olhei, e eis não somente uma porta aberta no céu, como também a primeira voz que ouvi, como de trombeta ao falar comigo, dizendo: Sobe para aqui, e te mostrarei o que deve acontecer depois destas coisas. Imediatamente, eu me achei em espírito, e eis armado no céu um trono, e, no trono, alguém sentado; e esse que se acha assentado é semelhante, no aspecto, a pedra de jaspe e de sardônio, e, ao redor do trono, há um arco-íris

semelhante, no aspecto, a esmeralda. Ao redor do trono, há também vinte e quatro tronos, e assentados neles, vinte e quatro anciãos vestidos de branco, em cujas cabeças estão coroas de ouro. Do trono, saem relâmpagos, vozes e trovões, e, diante do trono, ardem sete tochas de fogo, que são os sete Espíritos de Deus. Há diante do trono um como que mar de vidro, semelhante ao cristal, e também, no meio do trono e à volta do trono, quatro seres viventes cheios de olhos por diante e por detrás. O primeiro ser vivente é semelhante a leão, o segundo, semelhante a novilho, o terceiro tem o rosto como de homem, e o quarto ser vivente é semelhante à águia quando está voando. E os quatro seres viventes, tendo cada um deles, respectivamente, seis asas, estão cheios de olhos, ao redor e por dentro; não têm descanso, nem de dia nem de noite, proclamando: Santo, Santo, Santo é o Senhor Deus, o Todo-Poderoso, aquele que era, que é e que há de vir. Quando esses seres viventes derem glória, honra e ações de graças ao que se encontra sentado no trono, ao que vive pelos séculos dos séculos, os vinte e quatro anciãos prostrar-se-ão diante daquele que se encontra sentado no trono, adorarão o que vive pelos séculos dos séculos e depositarão as suas coroas diante do trono, proclamando: Tu és digno, Senhor e Deus nosso, de receber a glória, a honra e o poder, porque todas as coisas tu criaste, sim, por causa da tua vontade vieram a existir e foram criadas. (Apocalipse 4:1-11)

O versículo 6 apresenta uma realidade exposta a partir da presença dos querubins ao redor do trono de Deus, adorando-o vinte e quatro horas por dia. Essa adoração

EM **ESPÍRITO** E EM **VERDADE**

produz vida, e eles resplandecem a glória de Deus. Cada detalhe dessa descrição nos diz algo.

Estar próximo ao trono, adorando ao Senhor em espírito e em verdade, produz santidade (v. 8). Isso ocorre porque Deus é santo e não podemos nos aproximar dele em pecado — visto que o pecado nos separa dele e traz morte. O pecado escraviza, mas quem se aproxima do trono e contempla a santidade de Deus é contagiado por ela. Além disso, a proximidade de Deus em adoração promove percepção espiritual, o que nos permite ver toda armadilha forjada no mundo espiritual contra nós antes de cairmos nela. Assim, a adoração em espírito e em verdade promove revelações, pois Deus nos mostra a motivação das pessoas, e não a aparência. Ninguém nos engana, uma vez que o Senhor revela os intentos do coração de quem lida conosco.

A aparência dos "seres viventes" que estão na presença de Deus fala muito sobre sua natureza e sobre o que ele proporciona a quem se aproxima dele com um coração adorador. O leão fala de realeza, autoridade espiritual, majestade, força, coragem e ousadia, por isso recebemos da parte de Deus esse destemor ao nos aproximarmos dele em adoração. O novilho remete a humildade, unidade, submissão, serviço, obediência e sujeição a autoridade. Assim, se a adoração promove em nós a remoção de toda rebeldia, de igual modo, quando alguém está longe do trono, tem dificuldade de se submeter. O ser semelhante ao homem, por sua vez, fala de maturidade, seriedade, responsabilidade, pontualidade, compromisso e aliança. Já a águia aponta para habilidade profética, dons, revelações e sensibilidade espiritual.

EM ESPÍRITO

Toda vida cristã genuína é vivida "pelo espírito", ou seja, trata-se de uma exibição da vida que está emanando de nosso espírito. Vemos isso ao longo de toda a Bíblia (Gênesis 5:16-17; João 4:25; Romanos 1:9; Romanos 8:9,14; Efésios 4:3; Efésios 6:18). Isso ocorre porque a fonte de todo o cristianismo está no espírito.

Gênesis nos mostra que, desde o princípio, havia a possibilidade de viver de forma natural ou espiritual. Adão e Eva tinham tudo para ser felizes e, em meio a tudo de que dispunham, duas árvores diante de si: a árvore da vida e a árvore do conhecimento do bem e do mal. A primeira era um símbolo da vida de Deus predominando em nós; a segunda, uma opção que remetia ao que é natural a este mundo. Quando confrontados com a possibilidade de se transformar nos próprios senhores, eles agarraram a oportunidade. Eva, ao ver o fruto, contemplou a possibilidade de se tornar "completa" "autoconfiante", "independente" — em outras palavras, tornar-se a deusa de si mesma. Ela só não imaginou o que mais viria no pacote. De igual modo, nós, hoje, temos, a todo tempo, a mesma opção, mas não mais na forma de árvores; temos em nós duas naturezas operando simultaneamente. E devemos optar entre viver de modo natural ou espiritual.

"Mas o que se une com Deus é um mesmo Espírito com ele" (1Coríntios 6:17), escreveu Paulo. Isso mostra que, ao nascer de novo, o espírito do homem, que estava morto, torna-se vivo, com a vida de Deus. Nosso espírito foi ligado ao Espírito de Deus. Antes, a vida natural, da alma, era caída e pecadora. Agora, é espiritual e achegada em adoração ao trono de Deus — em espírito e em verdade.

10

ESCOLHA SEU TIPO DE ADORAÇÃO

E disse Davi a toda a congregação de Israel: Se bem vos parece, e se isto vem do Senhor nosso Deus, enviemos depressa mensageiros a todos os nossos outros irmãos em todas as terras de Israel, e aos sacerdotes, e aos levitas nas suas cidades e nos seus arrabaldes, para que se reúnam conosco. E tornemos a trazer para nós a arca do nosso Deus; porque não a buscamos nos dias de Saul. Então, disse toda a congregação que se fizesse assim; porque este negócio pareceu reto aos olhos de todo o povo.
Convocou, pois, Davi a todo o Israel desde Sior do Egito até chegar a Hamate; para trazer a arca de Deus de Quiriate-Jearim. E então Davi, com todo o Israel, subiu a Baalá de Quiriate-Jearim, que está em Judá, para fazer subir dali a arca de Deus, o Senhor que habita entre os querubins, sobre a qual é invocado o seu nome. E levaram a arca de Deus, da casa de Abinadabe, sobre um carro novo; e Uzá e Aió guiavam o carro. E Davi e todo o Israel alegraram-se perante Deus com todas as suas forças; com cânticos, e com harpas, e com saltérios, e com tamborins, e com címbalos, e com trombetas. E, chegando à eira de Quidom, estendeu Uzá sua mão para segurar a arca, porque os bois tropeçavam. Então, acendeu-se a ira do Senhor contra Uzá, e o feriu, por ter estendido a sua mão à arca; e morreu ali perante Deus. E Davi se encheu de tristeza porque o Senhor havia aberto brecha em Uzá; pelo que chamou aquele lugar Perez-Uzá, até ao dia de hoje.
E aquele dia temeu Davi a Deus, dizendo: Como trarei a mim a arca de Deus? Por isso Davi não trouxe a arca a si, à cidade de Davi; porém, a fez levar à casa de Obede-Edom, o giteu. Assim ficou a arca de Deus com a família de Obede-Edom, três meses em sua casa; e o Senhor abençoou a casa de Obede-Edom, e tudo quanto tinha.

1Crônicas 13:2-14

EM ESPÍRITO E EM VERDADE

Davi foi o homem escolhido para restaurar a adoração em Israel. Só em Davi vemos se cumprir a promessa de Deus a Abraão, reforçada em Moisés, de que o povo possuiria Canaã e seria abençoado na terra que mana leite e mel. Somente depois que a presença de Deus é priorizada, a plenitude vem sobre o povo — tanto que, naqueles dias, Israel se tornou uma nação próspera.

O texto de 1Crônicas 13:2-14 aponta para a disposição de Davi em levar a arca da aliança de Quiriate-Jearim, em Judá, até Jerusalém. Nessa passagem, observamos alguns pontos bem relevantes, que nos fazem compreender a importância da adoração e a posição do adorador.

Lembremos que Davi foi o escolhido para tocar a harpa para o rei Saul. Por quê? O que havia em relação a ele? Por que, entre tantos músicos profissionais, justamente ele tinha a capacidade de tocar e os espíritos malignos se afastarem de Saul? A libertação mediante a adoração vinha pela harpa ou pela vida daquele que a tocava? A resposta é clara: a unção não estava no instrumento, nos métodos ou nas cartilhas, mas na vida daquele que tocava o instrumento. O mesmo ocorre em nossos dias.

Em João 4:23, lemos que o Pai está à procura de adoradores: "Mas vem a hora e já chegou, em que os verdadeiros adoradores adorarão o Pai em espírito e em verdade; porque são estes que o Pai procura para seus adoradores". E, em Salmos 89:20, está escrito: "Encontrei Davi, meu servo, com o meu santo óleo o ungi". A palavra "servo", usada nessa e em outras passagens, tem o significado de "adorador". Portanto, Davi servia a Deus com um coração de adorador e adorava a Deus com um coração de servo.

Serviço e adoração são termos que se fundem na vida de Davi, razão pela qual Deus o escolheu e o separou. Deus não escolheu Davi para torná-lo servo; ele já era um servo legítimo e, por isso, Deus o escolheu! Aqui, a ordem dos fatores faz toda a diferença.

Davi foi ungido pelo profeta Samuel (1Samuel 16:12-13), pois a unção era derramada somente sobre aquilo que se tornaria instrumento para a glória de Deus (Êxodo 40). Essa também foi uma realidade na vida dos discípulos de Jesus no dia de Pentecostes (Atos 2), pois somente após a unção os discípulos deram início à pregação do evangelho, cumprindo, assim, seu chamado.

O próprio Jesus declarou, em Lucas 4:18-19: "O Espírito do Senhor está sobre mim, pelo que me ungiu para evangelizar os pobres; enviou-me para proclamar libertação aos cativos e restauração da vista aos cegos, para pôr em liberdade os oprimidos, e para apregoar o ano aceitável do Senhor". Sim, Jesus só iniciou o ministério terreno após a unção. E a Palavra de Deus nos diz que nós também recebemos a mesma unção de Deus para a obra ministerial (1João 2:20,27).

Deus procura servos legítimos, adoradores verdadeiros, para ungi-los com seu santo óleo — o Espírito Santo — e fazê-los fonte de vida a jorrar para as nações.

O CORAÇÃO DO ADORADOR

De volta a 1Crônicas 13:2-14, vemos que a atitude de Davi ao transportar a arca expressava o sentimento de

EM **ESPÍRITO** E EM **VERDADE**

seu coração de adorador. Na primeira tentativa, Davi se mostrou convicto de seu propósito e fez tudo conforme o planejado, sem se preocupar com a forma correta para a realização da visão.

Davi sabia qual era a vontade de Deus, mas não procurou saber como realizá-la. Portanto, o Senhor precisou intervir e redirecionar suas metas, para que a adoração do coração do rei fosse agradável e aceita por ele. Foi quando Davi se perguntou: "Como trarei para mim a arca de Deus?" (1Crônicas 13:12). Essa pergunta se deve ao fato de que havia uma forma correta de se transportar a arca:

> Então, disse Davi: Ninguém pode levar a arca de Deus, senão os levitas; porque o Senhor os escolheu para levar a arca de Deus, e para lhe servirem eternamente. E Davi convocou todo o Israel em Jerusalém para fazer subir a arca do Senhor ao seu lugar, que lhe tinha preparado. E Davi reuniu os filhos de Arão e os levitas: [...]. E disse-lhes: Vós sois os chefes dos pais entre os levitas; santificai--vos, vós e vossos irmãos, para que façais subir a arca do Senhor Deus de Israel ao lugar que lhe tenho preparado. Porquanto vós não a levastes na primeira vez, o Senhor nosso Deus fez rotura em nós, porque não o buscamos segundo a ordenança. Santificaram-se, pois, os sacerdotes e os levitas, para fazerem subir a arca do Senhor Deus de Israel. E os filhos dos levitas trouxeram a arca de Deus sobre os seus ombros, pelas varas que nela havia, como Moisés tinha ordenado, conforme a palavra do Senhor. E disse Davi aos chefes dos levitas que constituíssem, de seus irmãos, cantores, para que, com instrumentos musicais, com alaúdes, harpas e

82

10 | Escolha seu tipo de adoração

címbalos, se fizessem ouvir, levantando a voz com alegria. [...] Sucedeu, pois, que Davi e os anciãos de Israel, e os capitães dos milhares, foram, com alegria, para fazer subir a arca da aliança do Senhor, da casa de Obede-Edom. E sucedeu que, ajudando Deus os levitas que levavam a arca da aliança do Senhor, sacrificaram sete novilhos e sete carneiros. E Davi ia vestido de um manto de linho fino, como também todos os levitas que levavam a arca, e os cantores, e Quenanias, mestre dos cantores; também Davi levava sobre si um éfode de linho, e todo o Israel fez subir a arca da aliança do Senhor, com júbilo, e ao som de buzinas, e de trombetas, e de címbalos, fazendo ressoar alaúdes e harpas. (1Crônicas 15:2-4,12-16,25-28)

Interessante notarmos que, na primeira vez que Davi trouxe a arca, não se vestiu com o manto e a estola de sacerdote, mas somente da segunda vez (1Crônicas 15:27). Isso remete a pureza e santidade, pois a roupa dos sacerdotes era uma vestimenta de linho fino e branco, simbolizando a pureza e a santidade, assim como a estola, que era de ouro.

O tabernáculo construído por Davi era singular e totalmente fora dos padrões mosaicos. Ele precisou preparar, além do seu coração, um lugar físico adequado para depositar a arca. Esse tabernáculo tinha uma característica marcante: não possuía paredes nem véu. Em Atos 15, Tiago cita a restauração do tabernáculos de Davi, citada em Amós, como um símbolo profético da pregação do evangelho aos gentios: sem véu, para quem quisesse chegar. Isso nos dá a ideia de liberdade e acesso à presença de Deus, que era guardada apenas pelos adoradores que

83

EM **ESPÍRITO** E EM **VERDADE**

entoavam cânticos de louvor, 24 horas por dia, sete dias por semana, 365 dias por ano, durante, aproximadamente, 36 anos ininterruptos.

Não fomos chamados ao monte Sinai, onde a lei foi entregue a Moisés, mas ao monte Sião — o monte da presença de Deus —, onde Davi estabeleceu seu tabernáculo "simples". Segundo as Escrituras, Sião é a habitação de Deus, o local em que sua graça flui livremente, e todos que se achegam com espírito quebrantado e coração compungido e contrito têm acesso ao local (Salmos 51:17; 132:13-17).

Nós somos, hoje, o lugar de habitação e repouso de Deus. Mas ele não habitará em nós enquanto não nos despirmos de nossas roupas de orgulho, egoísmo, hipocrisia, religiosidade, falta de compromisso, desamor, carnalidade e tudo o que nos mantém longe da santidade do Senhor. Deus é o Santo dos Santos; portanto, ele é nosso modelo. Enquanto estivermos agindo somente com boas intenções e na direção da nossa mente, não experimentaremos a presença manifesta do Senhor em meio à nossa casa. A sede pela presença de Deus e pela manifestação de sua glória fez com que o rei Davi alcançasse seu alvo com sucesso. Deus estava com ele, e toda a nação de Israel desfrutou essa realidade.

Temos de escolher que tipo de adoração prestaremos ao Senhor: com um espírito de religiosidade, que nega o verdadeiro amor e o verdadeiro poder de Deus; que abafa o primeiro amor e rouba o vigor espiritual; que paralisa, seca e traz inércia, roubando a unção e os propósitos; que elimina a autenticidade e estabelece um espírito de conformismo... ou a verdadeira adoração, como aquela vivenciada por Davi, da harpa ao seu tabernáculo. Jesus

10 | Escolha seu tipo de adoração

combateu esse espírito de adoração religiosamente vazio. A quem adorava dessa forma, ele chamou de sepulcro caiado, serpente, raça de víboras, aquele que coa mosquitos mas deixa passar o camelo, hipócrita, guia cego.

O Antigo Testamento nos apresenta duas cidades que figuram essas duas condições espirituais: Siló e Sião. Siló era a terra do forrobodó; Sião, a terra da unção. Josué 18:1 mostra que Siló foi edificada em Canaã nos dias em que Josué e Israel conquistavam a terra prometida. Foi a cidade em que o tabernáculo de Moisés foi levantado e instalado, ao fim da peregrinação pelo deserto. Ali ministravam ao Senhor e prestavam culto a Deus. Por muitos anos, foi o lugar de adoração ao Senhor, onde Samuel ouviu seu chamado nos tempos de Eli e de seus filhos — esses, sacerdotes corrompidos, que, levando a arca do Senhor para uma guerra contra os filisteus, a perderam.

Sem a arca e a presença de Deus, Siló voltou ao anonimato. Porém, trata-se de um lugar representativo, pelo tempo que ali esteve o tabernáculo. Era um local apenas de cerimônias e ritos (1Samuel 3:1-3), razão pela qual ali não havia poder nem a manifestação da glória de Deus. Em Siló, não havia vida espiritual nem unção. Os sacerdotes não tinham visão, revelação nem discernimento, tampouco comunhão ou intimidade com Deus. Era um local de sacerdócio elitizado e corrompido, onde a adoração era morta.

Em comparação a Siló, temos Sião, que Davi conquistou e onde estabeleceu sua cidade (2Samuel 5:7). O rei, então, determinou que para ali se levasse a arca da aliança, pois era onde seria edificada a casa do Senhor. Até o templo ser construído, nos tempos de Salomão, a

EM **ESPÍRITO** E EM **VERDADE**

arca permaneceu numa tenda simples — o tabernáculo de Davi (2Samuel 6:17). Sião representa a igreja, a morada de Deus. Era o lugar onde a arca podia ser vista por todos, onde havia unção profética sem cerimônias nem rituais. Ali havia vida, revelação e plenitude, tanto que as pessoas se dirigiam até lá e encontravam Deus. Era um lugar de constante unção e direção do Espírito Santo.

Sião também foi um lugar de louvor e adoração verdadeiros. Onde a adoração era unificada, havia salmistas, os levitas ministravam e havia sacrifício de louvor, cânticos, júbilo e brados diante do Senhor. Como era um lugar aberto a todos, representava o sacerdócio universal de todos os santos.

Davi fez sua escolha entre Siló e Sião. Ele escolheu o ambiente ideal para que a arca fosse transportada e, para isso, fez toda uma preparação: escolheu e designou os sacerdotes e os levitas. A arca não poderia ser transportada de forma impessoal e confortável, sobre as rodas de um carroção puxado por animais, mas, sim, sobre os ombros de um sacerdócio santo, separado para servir a Deus em meio a músicas de louvor. Nós também temos de apresentar nossos ombros disponíveis para Deus e trazer sua arca em meio a júbilo e adoração (1Crônicas 15:28).

Por fim, vemos que Davi também precisou preparar os sacrifícios (1Crônicas 15:26; 2Samuel 6:13,17-18), pois, onde não há sacrifício, não há fogo; e, onde não há fogo, não há glória. Quanto maior o sacrifício, maior o fogo; e, quanto maior o fogo, maior a glória!

Assim como Davi, nós, hoje, temos de escolher: Siló ou Sião? Uma vida de adoração ineficaz, pobre e vazia ou uma vida de adoração eficaz, rica e plena?

11

A HUMILDADE DO ADORADOR

> Mas vem a hora e já chegou em que os verdadeiros adoradores adorarão o Pai em espírito e em verdade; porque são estes que o Pai procura para seus adoradores. Deus é espírito; e importa que os seus adoradores o adorem em espírito e em verdade.
>
> João 4:23-24

Esse é um dos textos bíblicos mais destacados no que se refere ao resgate da adoração focada em Deus, verdadeira e aprovada. Refere-se à adoração autêntica, espiritual, não corrompida, aquela que promove fusão entre os céus e a terra, prepara o ambiente para a visitação divina, chama os sinais e as manifestações espirituais, abre as portas para o sobrenatural, gera a atmosfera adequada para experiências espirituais que derretem o ceticismo e desfaz as estruturas das trevas no campo celestial. Em contrapartida, a adoração exterior, mecânica, plástica e descomprometida não toca o coração do Pai nem transforma o adorador.

Adoradores que adoram em espírito e em verdade não nascem prontos; antes, eles são formados, ensinados e constituídos por Deus. Deus procura pessoas dispostas a passar pelo processo de formação de adoradores autênticos, do tipo que não é formado em congressos, cultos de avivamento ou dias de vitórias e conquistas. Os adoradores que Deus ama são aqueles formados nas noites escuras e durante as tempestades. O modo como

11 | A humildade do adorador

respondemos às tempestades define exatamente o tipo de adoradores que seremos.

O texto de 2Reis 18:1-8 mostra que o rei de Judá Ezequias era um adorador verdadeiro. Ele fez o que era reto perante o Senhor, removeu a idolatria e confiou em Deus. Por isso, o Senhor foi com ele. No entanto, as derrotas distorcem o entendimento. Nos versículos 13 a 16, vemos que o então rei da Assíria, Senaqueribe, atacou as cidades fortificadas de Judá e as conquistou. Enquanto Ezequias vencia, ele não temia, mas confiava. Estava seguro e em paz. Mas, quando perdeu as cidades fortificadas, sua fé foi abalada. O medo fez Ezequias retroceder e tentar negociar, contrariando, assim, a vontade de Deus. É claro que ninguém erra porque quer, mas sua visão foi distorcida e ele se esqueceu de Deus. Aquele homem espiritual foi dominado pela visão natural, a qual o fazia crer que era pequeno e sem forças. Debaixo de pressão psicológica, o rei de Judá errou:

> No décimo quarto ano do reinado de Ezequias, Senaqueribe, rei da Assíria, atacou as cidades fortificadas de Judá e as conquistou. Ezequias, rei de Judá, enviou esta mensagem ao rei da Assíria, em Laquis: "Cometi um erro. Se você se retirar, eu lhe pagarei qualquer tributo que exigir". O rei da Assíria exigiu dez mil e quinhentos quilos de prata e mil e cinquenta quilos de ouro. Para juntar essa quantia, Ezequias usou toda a prata guardada no templo do Senhor e nos tesouros do palácio. Arrancou até o ouro das portas e dos batentes do templo do Senhor que ele havia coberto com ouro e entregou tudo ao rei da Assíria. (2Reis 18:13-16)

EM **ESPÍRITO** E EM **VERDADE**

Ezequias não foi um caso isolado. Em nossos dias, Satanás recorre à mesma estratégia de Senaqueribe: ele argumenta com o fim de nos trazer do plano de entendimento espiritual para o campo natural, onde estamos desprotegidos e somos volúveis. Ele tenta nos fazer crer que orar não adianta, pois, apesar de nossas orações e adoração autêntica, nos envolvemos em situações difíceis. Com isso, deixamos de buscar o Senhor, desanimamos e entregamos os pontos.

Porém, há um caminho de retorno! 2Reis 19:1-3 mostra que Ezequias rasgou as vestes, vestiu-se com panos de saco, humilhou-se e entrou na presença de Deus. Ele também buscou o conselho profético de Isaías antes de agir. Sua adoração voltou ao prumo e, com isso, Deus interveio, pois, se você escolhe fazer a vontade de Deus, aquele que se levanta contra sua vida se levanta contra Deus (v. 22)! O restante do capítulo conta a vitória de Ezequias, pois Deus respondeu ao seu clamor (v. 32-34).

Ezequias era um adorador verdadeiro que, por um tempo, perdeu o foco — algo que, hoje, acontece com alguma frequência entre nós. Se isso ocorrer, porém, devemos nos lembrar do caminho de volta, que é o da busca de intimidade. 2Reis 20 revela um episódio significativo a esse respeito. Ezequias adoece, e Deus manda dizer-lhe que ele vai morrer. O que ele faz? Humilha-se. Ora. Clama. É exatamente isso que nós temos de fazer mais: buscar o Senhor com humildade, em fidelidade, retidão e quebrantamento, crendo que ele nunca se esquece dos seus.

O EXEMPLO DE JESUS

Lembremos que o próprio Jesus deu exemplo de humildade. Nascido em uma manjedoura, em um estábulo, viveu com poucos recursos, sem ter onde repousar a cabeça. E ele nos disse: "Portanto, todo aquele que a si mesmo se exaltar será humilhado, e todo aquele que a si mesmo se humilhar será exaltado" (Mateus 23:12). Sim, Jesus viveu o que pregou.

O evangelho é contracultura, a contramão do sistema. Durante todo o tempo, somos confrontados por seus paradoxos: perder para ganhar, dar para receber, morrer para viver, ser o último para ser o primeiro, humilhar-se para ser exaltado. O ensino é claro: a verdadeira adoração só subsiste em um espírito contrito e humilde:

> De sorte que haja em vós o mesmo sentimento que houve também em Cristo Jesus, o qual, subsistindo em forma de Deus, não teve por usurpação ser igual a Deus. Mas esvaziou-se a si mesmo, tomando a forma de servo, fazendo-se semelhante aos homens; e, achado na forma de homem, humilhou-se a si mesmo, sendo obediente até à morte, e morte de cruz. Por isso, também Deus o exaltou soberanamente, e lhe deu um nome que é sobre todo o nome; Para que ao nome de Jesus se dobre todo o joelho dos que estão nos céus, e na terra, e debaixo da terra, e toda a língua confesse que Jesus Cristo é o Senhor, para a glória de Deus Pai. (Filipenses 2:5-11)

A vida de Jesus é mais que uma referência para nós pois, mais que inspirar, deve ser incorporada. "Aquele

EM **ESPÍRITO** E EM **VERDADE**

que diz que está nele também deve andar como ele andou", afirmou João (1João 2:6). O Filho de Deus não nasceu num berço de ouro em um palácio, mas numa manjedoura. Cresceu numa carpintaria e morreu numa cruz — porém, ao fim, assumiu o trono.

Enquanto Satanás, o mais elevado dos seres angélicos, desejou ser igual a Deus e sentar-se em seu trono, Jesus, o Criador, disse ao Pai: "Faça-se a tua vontade". Satanás não se contentou em ser uma criatura, ele queria ser o criador; já Jesus, o Criador, fez-se voluntariamente homem. Que contraste! Que lição para nós!

O mesmo erro cometeu Adão. Ele tinha tudo, era o "rei da criação", mas Satanás lhe disse: "Sereis como Deus". Desejar isso foi o erro que cavou um abismo entre Deus e o homem. Adão pensou unicamente em si; Jesus pensou nos outros. Por isso, esvaziou a si mesmo de sua glória, renunciou ao livre exercício de sua autoridade e, voluntariamente, submeteu-se ao Pai, a ponto de dizer: "Eu não procuro a minha própria vontade, e, sim, a daquele que me enviou" (João 5:30).

Jesus tomou a forma de servo e veio ao mundo não para ser servido, mas para servir (Marcos 10:45). Ele não pensou nos outros de forma abstrata, mas serviu na prática — serviu aos pecadores, às meretrizes, aos cobradores de impostos, aos doentes, aos famintos, aos tristes e aos espiritualmente perdidos. Quando seus discípulos, no cenáculo, ainda alimentavam pensamentos soberbos, ele pegou uma toalha e uma bacia, e lavou seus pés.

A cruz foi a expressão máxima dessa realidade. "E, achado na forma de homem, humilhou-se a si mesmo, sendo obediente até à morte, e morte de cruz" (v. 8). Dois

11 | A humildade do adorador

quintos do Evangelho de Mateus são dedicados à última semana de Jesus em Jerusalém. Mais de três quintos do Evangelho de Marcos, um terço do Evangelho de Lucas e praticamente a metade do Evangelho de João dão a mesma ênfase. João fala da crucificação de Cristo como "a hora" vital para a qual Jesus veio ao mundo (João 17:1). A cruz é a maior expressão do amor de Deus por nós: ele se humilhou e nos serviu a própria carne e o próprio sangue. Ele morreu nossa morte para nós vivermos sua vida. Ele morreu por aquilo que viria depois da cruz.

A beleza dessa humilhação vem em seguida, pois, como Paulo escreveu aos filipenses, foi mediante esse serviço que o Pai o exaltou soberanamente, e lhe deu um nome que é sobre todo o nome, para que ao nome de Jesus se dobre todo o joelho dos que estão nos céus, e na terra, e debaixo da terra, e toda a língua confesse que Jesus Cristo é o Senhor, para a glória de Deus Pai (Filipenses 2:9-11). Sim, ele se humilhou e Deus o exaltou! (Hebreus 1:2-3). O que isso nos mostra é que o resultado da humildade é a exaltação. Quando nos humilhamos em adoração diante de Deus, ele nos exalta diante dos homens. Jesus assumiu seu trono à destra do Pai, mas a estrada para chegar ali teve início na manjedoura e passou pela cruz. Deus não deixou Cristo na sepultura, mas o levantou da morte, levou-o de volta ao céu e o glorificou (Efésios 1:20-22).

O mesmo princípio se aplica a nós: Deus exalta aqueles que se humilham. "Humilhai-vos, pois, debaixo da potente mão de Deus, para que a seu tempo vos exalte; lançando sobre ele toda a vossa ansiedade, porque ele tem cuidado de vós" (1Pedro 5:6). O que deu forças para

EM **ESPÍRITO** E EM **VERDADE**

Jesus enfrentar a cruz foi o que veio depois dela e, de igual modo, quando aceitamos a cruz, assim como ele, nós o fazemos por aquilo que ela faz por nós. A cruz é nossa redenção, a remissão de nossos pecados, nossa reconciliação com Deus. Ela é nosso caminho para o trono (Efésios 2:3-6).

Agora, Jesus é adorado para todo o sempre, em todos os setores do universo. Num tributo unânime, o universo dirá: "Jesus Cristo é o Senhor". Os três mundos vão se dobrar aos seus pés: os céus, a terra e o inferno. Todo joelho se dobrará diante do poderoso nome de Jesus, uns com alegria e outros com pavor por tê-lo rejeitado, mas toda língua vai confessar que Jesus é Senhor. Ele é o Rei dos reis, o Senhor dos senhores, o Todo-poderoso Deus, diante de quem todos se curvarão.

12

QUANDO A GLÓRIA SE VAI

No sexto ano, no sexto mês, aos cinco dias do mês, estando eu sentado em minha casa, e os anciãos de Judá assentados diante de mim, sucedeu que ali a mão do Senhor Deus caiu sobre mim. Olhei, e eis uma figura como de fogo; desde os seus lombos e daí para baixo, era fogo e, dos seus lombos para cima, como o resplendor de metal brilhante. Estendeu ela dali uma semelhança de mão e me tomou pelos cachos da cabeça; o Espírito me levantou entre a terra e o céu e me levou a Jerusalém em visões de Deus, até à entrada da porta do pátio de dentro, que olha para o norte, onde estava colocada a imagem dos ciúmes, que provoca o ciúme de Deus.
Eis que a glória do Deus de Israel estava ali, como a glória que eu vira no vale. Ele me disse: Filho do homem, levanta agora os olhos para o norte. Levantei os olhos para lá, e eis que do lado norte, à porta do altar, estava esta imagem dos ciúmes, à entrada. Disse-me ainda: Filho do homem, vês o que eles estão fazendo? As grandes abominações que a casa de Israel faz aqui, para que me afaste do meu santuário? Pois verás ainda maiores abominações. Ele me levou à porta do átrio; olhei, e eis que havia um buraco na parede. Então, me disse: Filho do homem, cava naquela parede. Cavei na parede, e eis que havia uma porta. Disse-me: Entra e vê as terríveis abominações que eles fazem aqui. Entrei e vi; eis toda forma de répteis e de animais abomináveis e de todos os ídolos da casa de Israel, pintados na parede em todo o redor. Setenta homens dos anciãos da casa de Israel, com Jazanias, filho de Safã, que se achava no meio deles, estavam em pé diante das pinturas, tendo cada um na mão o seu incensário; e subia o aroma da nuvem de incenso.
Então, me disse: Viste, filho do homem, o que os anciãos da casa de Israel fazem nas trevas, cada um nas suas câmaras pintadas de imagens? Pois dizem: O Senhor não nos vê, o Senhor abandonou a terra. Disse-me ainda: Tornarás a ver maiores abominações que eles estão fazendo.

Ezequiel 8:1-13

Quando recebi meu chamado pastoral, eu sabia que
assumiria uma grande responsabilidade diante de
Deus e dos homens. Também sabia que seria per-
seguido, caluniado e até mesmo difamado. Tinha consciência de que seria amado por alguns e odiado por outros,
honrado por uns e rejeitado por outros. Eu estava ciente
de que não seria fácil e que haveria muitas lutas, alegrias
e tristezas. Hoje, fazendo um balanço dos meus anos de
pastoreio, posso garantir que houve muito mais alegrias do
que tristezas, pois Deus está no controle de tudo. Porém,
tenho uma grande tristeza, talvez a maior que um pastor
pode sentir: ver pessoas "perdendo a glória de Deus".

Eu me refiro a vidas que, após se aproximarem de
Deus, foram cheias de sua glória, de suas bênçãos, de sua
presença e santidade, mas, depois, perderam a glória, dei-
xaram de sentir a presença e se distanciaram dos propósitos de Deus para sua vida. Com isso, cessou a adoração.
Há um nome para esse fenômeno: *Icabô*. 1Samuel 4 relata
de que forma Hofni e Fineias perderam a arca e a glória,
morreram e a glória de Deus se foi. A mulher de Fineias,
então, deu ao filho o nome de Icabô, que, em hebraico,
significa: "nenhuma glória".

Como isso acontece? Quais erros podemos cometer a
ponto de afastar a glória de Deus de nossas vidas? Vejamos
o texto de Ezequiel 8:1-13. O profeta foi comissionado
por Deus para levar sua palavra ao povo de Judá na época do exílio babilônico. Isso significa que ele foi chamado para pregar o que ninguém queria ouvir, apontando
erros, profetizando juízo, trazendo o oculto à tona. Ele

EM ESPÍRITO E EM VERDADE

chamava ao arrependimento para que houvesse restauração. Havia um canal de comunicação aberto entre Deus e ele, um canal que lhe permitia, inclusive, receber visões.

Naqueles dias, o povo vivia em decadência moral e ruína espiritual, em uma adoração somente de fachada. Apenas alguns permaneciam na fé e sofriam e gemiam, intercedendo pelos pecados de Jerusalém. Na visão, Deus mostra a Ezequiel Jerusalém e os pecados que estavam sendo cometidos ali, dos quais chama a atenção a idolatria, cometida às escondidas.

Em nossos dias, podemos frequentar a igreja e entoar louvores, com as mãos levantadas, enquanto praticamos diferentes tipos de idolatria: ao ministério, ao casamento, ao sexo, ao dinheiro e a outros tantos. A realidade é que, quando trancamos a porta e nos escondemos dos homens, ainda estamos visíveis a Deus e ao diabo. No mundo espiritual, tudo é conhecido; nada há escondido.

A glória de Deus se manifesta, acima de tudo, por sua presença. Deus conosco é garantia de saúde, paz, proteção, vitória, prosperidade, alegria e sucesso. Sem a glória de Deus, sem Deus; logo, sem nada disso. No ministério, a glória de Deus é tudo, pois, sem Deus, tudo está acabado. Na vida, ocorre o mesmo. Se há "Icabô" em nossa jornada, estamos certos de que tudo o que faremos dará errado. Você seca, perde a vontade de viver e nada mais faz sentido.

O livro de Ezequiel mostra que o afastamento da glória de Deus se desdobra de forma gradativa. Ezequiel 9:3 revela que ela se levantou do querubim até a entrada da casa. Depois, em Ezequiel 10:19, ela sai da entrada do átrio para o meio da cidade. E, em Ezequiel 43:1-3, vemos que ela vinha pelo caminho do Oriente (na restauração). Em nossa vida, ocorre, em geral, a mesma coisa: Deus nos chama à verdadeira adoração em espírito e em verdade, mas, se imergirmos em idolatria e em pecado, aos poucos o Senhor vai-se distanciando, concedendo-nos tempo ao arrependimento. O problema é quando não aproveitamos esse tempo.

No entanto, se houver arrependimento sincero, confissão de pecados e abandono das más práticas, a glória de Deus é restabelecida. A restauração faz parte do processo. Até porque a mensagem bíblica, resumida em uma frase, poderia ser a seguinte: "Deus quer se relacionar com o homem". Essa relação entre o Criador e suas criaturas está fundamentada em confiança; e a confiança, por sua vez, tem de ser alimentada por verdade, honestidade e transparência. Não há saúde em relacionamentos quebrados por traição, mentira e segredos.

A GLÓRIA MANIFESTA NA AUTENTICIDADE

O apóstolo Paulo escreveu em sua segunda carta aos coríntios:

> E não somos como Moisés, que punha um véu sobre a sua face, para que os filhos de Israel não olhassem firmemente para o fim daquilo que era transitório. Mas os seus sentidos foram endurecidos: porque até hoje o mesmo véu está por levantar na lição do Velho Testamento, o qual foi por Cristo abolido. E até hoje, quando é lido Moisés, o véu está posto sobre o coração deles. Mas, quando se converterem ao Senhor, então o véu se tirará.

EM **ESPÍRITO** E EM **VERDADE**

Ora, o Senhor é Espírito; e onde está o Espírito do Senhor aí há liberdade. Mas todos nós, com a cara descoberta, contemplando, como por espelho, a glória do Senhor, somos transformados, de glória em glória, na sua própria imagem, como pelo Espírito do Senhor. (2Coríntios 3:17-18)

O que está em destaque aqui é o comportamento de Moisés, reprovado por Paulo. Ao dizer "não somos como Moisés", o apóstolo não está falando de uma virtude, mas de uma falta cometida pelo libertador dos hebreus. Paulo fala claramente de uma atitude de fingimento, de falta de transparência. Essa é a razão pela qual Paulo, inspirado pelo Espírito Santo, justifica o uso do véu por Moisés.

Se assim é, verificamos que essa posição de Moisés tem sido repetida ao longo da história: em nossos dias, podemos estar encobrindo o rosto, assim como ele, ou lutando para que isso não se repita em nossa vida. Precisamos entender o seguinte: a primeira passada de olho sobre o texto nos dá a impressão de que Moisés punha o véu sobre o rosto para que as pessoas não se assustassem com seu rosto brilhando — em outras palavras, para que não vissem a glória de Deus. Mas Paulo desmente esse mito e afirma que a razão do uso desse véu era oposta: para que os israelitas não vissem que a glória estava sumindo, desvanecendo e se apagando.

Êxodo 34:29-35 relata o episódio do uso do véu. O povo israelita reconhecia Deus em Moisés, pois aquele brilho era o selo de que a pessoa estivera com Deus: seu rosto resplandecia, mas ele colocava o véu. Esse "ritual" acompanhou Moisés sempre que seu rosto brilhou. O padrão era o seguinte: ele revelava ao povo o coração de Deus; o povo via que seu rosto brilhava; depois de sua fala e de o povo ver que seu rosto brilhava, Moisés cobria a face com um véu até entrar na presença do Senhor e de novo sair com o rosto resplandecente da glória divina. A razão que Paulo apresenta é que Moisés não queria que os israelitas vissem que a glória estava sumindo, pois aquela manifestação de glória experimentada não era permanente. Cada vez que Moisés entrava na presença de Deus, recebia uma "recarga" de glória, mas, entre uma ida e outra, o brilho da glória se desvanecia e aquele líder, que já havia aparecido em público com o rosto brilhando, não queria que as pessoas vissem que aquele fulgor estava sumindo.

Para muitos é muito difícil administrar o sentimento de, depois de haver brilhado diante do povo, ser visto sem glória, sem unção, com as fraquezas expostas. Há em nós um sentimento de autopreservação, uma predisposição a esconder nossas dificuldades e limitações. Então, vestimos um véu de engano, para que as pessoas pensem que ainda estamos brilhando, mesmo que, de fato, já não mais estejamos. O nome disso é dissimulação, o que é péssimo, pois pior do que errar é tentar encobrir o erro.

Esse tipo de comportamento, porém, não é novidade. Teve início com Adão e Eva (Gênesis 3:7-8), ocorreu com Davi (2Samuel 11:6-25) e manifestou-se em Pedro (Gálatas 2:11-14). Quando Paulo diz que "não somos como Moisés, que punha véu sobre a sua face", ele mostra que, por haver entendido as consequências desse ato, preferiu agir com absoluta honestidade em todo o seu

EM ESPÍRITO E EM VERDADE

comportamento cristão: "Porque, se quiser gloriar-me, não serei néscio, porque direi a verdade; mas deixo isto, para que ninguém cuide de mim mais do que em mim vê ou de mim ouve" (2Coríntios 12:6). Ao examinar o contexto dessa afirmação, vemos que Paulo estava falando sobre suas experiências com as visões celestiais. Em outras palavras, o apóstolo estava declarando algo como: "Eu poderia impressionar as pessoas contando minhas experiências com Deus, mas não quero que o conceito delas a meu respeito se baseie nisso. Quero que só pensem acerca de mim o que pode ser visto, de forma simples, no convívio diário". Ele diz claramente: "Evito que pensem que sou mais do que aquilo que realmente sou".

Verdadeiros homens de Deus são vistos na simplicidade do relacionamento diário, e não em uma encenação exagerada de espiritualidade que não representa a verdadeira adoração. Isso porque os dissimulados não adoram em espírito e em verdade, mas somente em aparência. Diferente de Moisés, e de muitos de nós, Paulo preferia tirar a máscara e se apresentar da forma mais sincera e autêntica possível — afinal, ele era um verdadeiro adorador.

O apóstolo valorizava muito esse princípio, não só na própria vida, mas também na daqueles a quem discipulava. Veja o que ele diz acerca de Timóteo: "Trazendo à memória a fé não fingida que em ti há, a qual habitou primeiro em tua avó Loide, em tua mãe, Eunice, e estou certo de que também habita em ti" (2Timóteo 1:5). Outras versões adotam as expressões "fé sem fingimento" ou "fé sincera". Fato é que Paulo valorizava e levava a sério a questão da transparência, da honestidade e da autenticidade.

Os nefastos resultados da dissimulação

Algo assustador que percebo no ensino de Paulo, e que deve servir de advertência veemente contra o uso do véu sobre o rosto, é que o "véu do engano" de um líder pode ser transmitido aos seus liderados e discípulos:

> Mas os sentidos deles se embotaram. Pois, até o dia de hoje, quando fazem a leitura da antiga aliança, o mesmo véu permanece, não lhes sendo revelado que, em Cristo, é removido. Mas, até hoje, quando é lido Moisés, o véu está posto sobre o coração deles. Quando, porém, algum deles se converte ao Senhor, o véu lhe é retirado. (2Coríntios 3:14-16)

Observe a expressão "o mesmo véu permanece". Paulo escreveu essa epístola cerca de 1.500 anos depois de Moisés. No entanto, ele diz que "até o dia de hoje" o "mesmo véu permanece". É fácil entender que ele não está falando de um pedaço de pano encobrindo o rosto, mas de um véu espiritual sobre o coração. A Palavra de Deus nos revela que a atitude de fingimento de Moisés passou a operar (na forma de engano espiritual) no coração dos israelitas, que se orgulhavam de ser discípulos de Moisés (João 9:28). Líderes e pais que decidem andar em dissimulação podem estar transferindo um péssimo legado aos seus liderados, discípulos e filhos, pois nós transferimos aquilo que somos, e não o que pregamos.

Por outro lado, também encontramos na Bíblia o fato de que uma "fé sem fingimento" pode ser transmitida de geração em geração (2Timóteo 1:5). A fé sem fingimento que Paulo elogia na vida de Timóteo vinha sendo transferida

EM **ESPÍRITO** E EM **VERDADE**

por diferentes gerações: da avó para a mãe e, finalmente, dessa para o filho. Esse é o legado que os pais deveriam transmitir aos filhos e cada líder aos seus liderados.

Outro motivo para você evitar o véu encobrindo seu rosto é que, sem desvendar o rosto, não há transformação a ser experimentada pelo poder de Deus. A glória só vem quando se remove o véu. Se não "tiramos a máscara", o poder transformador operado pelo Espírito Santo não se manifesta (2Coríntios 3:18).

O fato é que a intensidade do primeiro amor diminui com o tempo. A velocidade e o vigor da transformação na vida de um recém-convertido são enormes, mas, em algum momento da caminhada, o processo de transformação e de mudança de vida começa a estagnar. Não é porque o processo já se tenha completado, mas, sim, porque a transformação na vida dos cristãos parece perder força com o passar do tempo. E uma das grandes razões para isso é que, no início da vida cristã, após a conversão, todos reconhecem as áreas que demandam mudança e se alegram por toda a transformação alcançada. Porém, depois de um tempo e de muitas vitórias, quando se reconhece que você é alguém mais maduro e espiritual, a tendência é não ser mais tão transparente ou sincero a respeito das falhas. Isso sempre foi e sempre será assim. Veja o que aconteceu quando a Palavra de Deus foi pregada em Éfeso:

> E muitos dos que haviam crido vinham, confessando e revelando os seus feitos. Muitos também dos que tinham praticado artes mágicas ajuntaram os seus livros e os queimaram na presença de

todos; e, calculando o valor deles, acharam que montava a cinquenta mil moedas de prata. Assim a palavra do Senhor crescia poderosamente e prevalecia. (Atos 19:18-20)

Por que a Palavra de Deus crescia e prevalecia em Éfeso? Não apenas porque era pregada, mas porque as pessoas, depois de receberem a pregação, reconheciam e até mesmo confessavam publicamente seus pecados! Esse é o ponto. Quando as pessoas reconhecem suas fraquezas, o poder do Espírito Santo se manifesta em sua vida. É uma regra sem exceção! Foi isso que aconteceu com o profeta Isaías quando teve uma visão do Senhor no templo:

Então, disse eu: ai de mim! Estou perdido! Porque sou homem de lábios impuros, habito no meio de um povo de impuros lábios, e os meus olhos viram o Rei, o Senhor dos Exércitos! Então, um dos serafins voou para mim, trazendo na mão uma brasa viva, que tirara do altar com uma tenaz; com a brasa tocou a minha boca e disse: Eis que ela tocou os teus lábios; a tua iniquidade foi tirada, e perdoado, o teu pecado. (Isaías 6:5-7)

Por que um dos serafins voou até ele e tocou com a brasa viva seus lábios? Porque a oração que o profeta fez reconheceu sua impureza. Se a oração de Isaías fosse "sou um homem de olhos impuros", então o toque santificador viria sobre os olhos. Se orasse "sou um homem de mente impura", a brasa santificaria sua mente. Esta é uma verdade bíblica incontestável: Deus age nas áreas em que reconhecemos nossos pecados (Marcos 2:15-17). Quando

EM **ESPÍRITO** E EM **VERDADE**

desvendamos o rosto, somos transformados. Quando dissimulamos, aparentando não ter pecado algum, a transformação simplesmente não acontece. O Espírito Santo só manifestará seu poder transformador naquelas áreas que lhe expusermos de forma sincera e honesta.

Porém, além de reconhecer fraquezas diante de Deus, é necessário fazermos isso diante dos homens. Por quê? Porque, se o perdão vem com a confissão do pecado a Deus (1João 1:9), a cura vem com a confissão do pecado aos homens (Tiago 5:16).

Paulo afirmou haver aprendido a ter prazer em reconhecer suas fraquezas e limitações, pois esse é o caminho para que o poder de Deus opere em nossas vidas (2Coríntios 12:10). Afinal, é melhor estar sofrendo, quebrado, mas com o coração quebrantado e contrito diante de Deus, do que celebrando vitórias e, ao mesmo tempo, vivendo uma farsa enganosa (Eclesiastes 7:2). Caminhar com o rosto desvendado nos liberta do alto custo (espiritual e emocional) de viver interpretando um papel.

TRANSPARÊNCIA X HIPOCRISIA

Deus não rejeita um coração transparente. Remover o véu é o mesmo que limpar o copo por dentro (Mateus 23:26). A regeneração e a santificação, sem as quais ninguém verá Deus, são geradas na verdade, na luz e na sinceridade. Quando tratamos nossas fraquezas com honestidade, é como luz invadindo a escuridão — as trevas não prevalecem contra ela. Essa é a essência do verdadeiro arrependimento sobre o qual o profeta Joel, pelo Espírito Santo, falava aos israelitas em seus dias:

12 | Quando a glória se vai

> Ainda assim, agora mesmo, diz o Senhor: Conver-
> tei-vos a mim de todo o vosso coração; e isso com
> jejuns, com choro e com pranto. Rasgai o vosso
> coração, e não as vossas vestes, e convertei-vos ao
> Senhor, vosso Deus, porque ele é misericordioso, e
> compassivo, e tardio em irar-se, e grande em benig-
> nidade, e se arrepende do mal. (Joel 2:12-13)

Rasgar as vestes era um hábito dos hebreus para mostrar, em público, vestes de luto que, até então, estavam escondidas. Só quando rasgavam as vestes, seus verdadeiros
sentimentos por toda a crise que estavam atravessando
se manifestavam. Era uma forma de dizer: "Vocês estão
me vendo com roupas normais, mas meu interior está de
luto!". Por meio do profeta Joel, Deus pediu que os israelitas rasgassem o coração (para mostrar seu real estado)
como prova de arrependimento. O Senhor queria que seu
povo mostrasse como realmente estava o interior, pois ele
não se importa com a aparência; o que conta para Deus é
o coração (1Samuel 16:7).

O homem tenta manter a aparência porque é assim que
os outros o veem e medem. Já Deus quer de nós transparência não somente pelo fato de já conhecer nosso coração, mas também porque deseja que aprendamos a mostrar
nosso interior aos homens (que não podem vê-lo). Que
o entendimento dessas verdades nos ajude a abandonar
qualquer expressão de hipocrisia, de modo a, pela graça
de Deus, andarmos como Paulo: com o rosto desvendado!

O uso do véu tem levado muitos a se distanciar de
Deus. Isso nos conduz à seguinte questão: o que leva alguém que está tão perto do céu a mergulhar tão profundamente no inferno? Quando esse processo teve início?

EM **ESPÍRITO** E EM **VERDADE**

Não houve sinal algum? Ninguém o avisou? Ele mesmo não percebeu? Em que momento seu coração endureceu a ponto de ele não perceber que, em vez de subir, estava caindo? Esse alguém um dia teve o céu, mas perdeu a glória e o que restou foi uma simulação da fé verdadeira. E esse alguém está comprometido, sem unção, sem autoridade, interpretando um personagem, mais afastando as pessoas de Deus do que as aproximando. Jesus foi bem enfático em sua advertência contra a hipocrisia:

> Ajuntando-se entretanto muitos milhares de pessoas, de sorte que se atropelavam uns aos outros, começou a dizer aos seus discípulos: Acautelai-vos primeiramente do fermento dos fariseus, que é a hipocrisia. Mas nada há encoberto que não haja de ser descoberto; nem oculto, que não haja de ser sabido. Porquanto tudo o que em trevas dissestes, à luz será ouvido; e o que falastes ao ouvido no gabinete, sobre os telhados será apregoado. (Lucas 12:1-3)

Para entender essa advertência, temos de voltar um pouco na linha do tempo. O pano de fundo para essa declaração é o confronto intelectual de Jesus com os fariseus, descrito em Lucas 11:14-36. Um deles convidou Jesus para comer em sua casa (11:37) e, ali, ele lhes dirigiu palavras duras. No momento dessa fala, Jesus e os discípulos não estão mais na casa do fariseu, mas, daquela experiência, surge o aprendizado.

Jesus inicia sua mensagem utilizando a figura do fermento, que tipifica algo maléfico para os judeus (Êxodo 12:15-20). As pessoas faziam seus próprios pães e estavam familiarizadas com a maneira pela qual o fermento penetrava na massa vagarosamente e fazia com que aumentasse de volume. Jesus recorre à figura do fermento para enfatizar o apego dos fariseus ao tradicionalismo religioso e condenar a doutrina deles como equivocada e herética. Ele os acusa de um tipo mais refinado de hipocrisia, que é a "demonstração de uma virtude, de um sentimento louvável, que não se tem". É impostura, fingimento, simulação, falsidade, falsa devoção.

Assim, hipocrisia é atuar, representar um papel, fingir ser alguém que não é, dissimular, ocultar o verdadeiro caráter ou os motivos reais. O hipócrita expõe falsa aparência de virtude e esconde a verdadeira personalidade por trás de uma máscara. Hipocrisia é cobrar do próximo aquilo que você não faz.

Nessa passagem, Jesus destaca a hipocrisia como a principal iniquidade dos fariseus, que escondiam um coração perverso e corrompido por baixo de um manto de espiritualidade. Nos dias de Jesus, os religiosos fizeram jus a essa prática, pois havia muitos fariseus e hipócritas levando uma vida de aparências. O *marketing* pessoal daqueles líderes os apresentava envoltos em uma redoma de pureza exterior, mas, em seu interior, em seus desejos e motivos, eles eram podres. Eles se esforçavam para emplacar essa imagem, pois dependiam dela para perpetuar o controle sobre as massas. O fato é que seu discurso estava divorciado de suas ações.

Jesus disse a respeito deles: "Hipócritas, bem profetizou Isaías a vosso respeito, dizendo: Este povo honra-me com os seus lábios, mas o seu coração está longe de mim" (Mateus 15:7-8). Aqueles homens distorciam a Palavra de Deus em benefício pessoal: "Porque Deus

EM **ESPÍRITO** E EM **VERDADE**

ordenou, dizendo: Honra a teu pai e a tua mãe. [...] Mas vós dizeis: Qualquer que disser ao pai ou à mãe: É oferta ao Senhor o que poderias aproveitar de mim; esse não precisa honrar nem a seu pai nem a sua mãe. E assim invalidastes, pela vossa tradição, o mandamento de Deus" (Mateus 15:4-6).

Assim como o fermento, a hipocrisia começa pequena, mas cresce de forma silenciosa, se desenvolve e contamina a pessoa inteira. Ela tem sobre o ego o mesmo efeito que o fermento tem sobre a massa do pão: faz inchar. Logo, o orgulho toma conta, e o caráter rapidamente se deteriora. Mas, felizmente, o fingimento e a manipulação enganam por um tempo, mas não para sempre. Jesus advertiu sobre o pecado da hipocrisia e, então, revelou o motivo da advertência contra ela: "Nada há encoberto que não venha a ser revelado, e oculto que não venha a ser conhecido" (v. 2). A hipocrisia triunfa apenas enquanto está escondida dos outros. A arte de ser hipócrita depende da capacidade de conservar algumas coisas ocultas. Quando o ocultamento já não é mais possível, o hipócrita é inevitavelmente desmascarado. A hipocrisia de muitos é revelada e conhecida ainda nesta vida, enquanto a de outros permanece escondida. Porém, toda hipocrisia será revelada e conhecida (Romanos 2:16; 1Coríntios 3:13; Marcos 4:22). Tudo será revelado à luz da verdade — toda mentira será desmascarada.

Felizmente, é possível ser curado da hipocrisia. Ao dar início aos seus ensinamentos, no Sermão do Monte, Jesus receitou o remédio contra ela: "Bem-aventurados os limpos de coração, porque verão a Deus" (Mateus 5:8). Se a hipocrisia chama a condenação, por outro lado, a pureza

12 | Quando a glória se vai

de coração, a transparência de intenções e a ausência de contaminação nos desejos garantem a aprovação de Deus.

A Bíblia diz: "Bem sei, meu Deus, que tu provas os corações, e que da sinceridade te agradas [...]" (1Crônicas 29:17); "Aproximemo-nos com sincero coração, em plena certeza de fé [...]" (Hebreus 10:22). A palavra "sincera" vem da junção de duas palavras do latim: *sine* e *cera*. A versão para a origem dessa palavra é que, em Roma, os escultores desonestos, quando esculpiam uma estátua ou um vaso de mármore com pequenos defeitos, usavam uma cera especial para ocultar e esconder essas imperfeições, de modo que o comprador não os percebesse. Com o tempo, as imperfeições apareciam, ou seja, os compradores descobriam que era uma escultura *cum cera*. Os escultores honestos faziam questão de dizer que suas estátuas eram *sine cera*, ou seja, perfeitas, sem defeitos escondidos.

Quando falamos em sinceridade, temos a impressão de que o que nos faz sinceros é a capacidade de falar o que pensamos. Mas, quando você fala o que pensa sem o filtro do amor e do respeito, crendo estar sendo sincero, só o que consegue é ferir as pessoas. A sinceridade acontece quando você identifica a porção de cera disfarçando as imperfeições de seu vaso. A hipocrisia se manifesta na vida de pessoas que acusam e atacam as outras para esconder a própria fraqueza.

Portanto, livre-se do fermento da hipocrisia e seja sincero. Seja verdadeiro — com Deus, consigo e com as pessoas que o cercam. Remova a sujeira de baixo do tapete e mude sua atitude. Peça a Deus para limpar seu coração de toda cera e mostre ao mundo quem você sinceramente é.

13

O ESPÍRITO DA RELIGIÃO E O ESPÍRITO DA BABILÔNIA

> Então, vieram de Jerusalém a Jesus alguns fariseus e escribas e perguntaram: Por que transgridem os teus discípulos a tradição dos anciãos? Pois não lavam as mãos quando comem. Ele, porém, lhes respondeu: Por que transgredis vós também o mandamento de Deus, por causa da vossa tradição? Porque Deus ordenou: Honra a teu pai e a tua mãe; e: Quem maldisser a seu pai ou a sua mãe seja punido de morte. Mas vós dizeis: Se alguém disser a seu pai ou a sua mãe: É oferta ao Senhor aquilo que poderias aproveitar de mim; esse jamais honrará a seu pai ou a sua mãe. E, assim, invalidastes a palavra de Deus, por causa da vossa tradição. Hipócritas! Bem profetizou Isaías a vosso respeito, dizendo: Este povo honra-me com os lábios, mas o seu coração está longe de mim. E em vão me adoram, ensinando doutrinas que são preceitos de homens.
>
> MATEUS 15:1-9

Ao lado da hipocrisia, um dos maiores inimigos de uma vida de adoração verdadeira é o espírito da religião. O indivíduo cuja religiosidade não é vivida em espírito e em verdade é um dos maiores promotores do afastamento da glória de Deus. Jesus repreendeu os líderes religiosos de seu tempo, dizendo-lhes que não podiam discernir onde Deus estava presente, mesmo quando ele estava presente na carne! O que o Senhor discernia no espírito da religião dos fariseus? Eles haviam tomado a verdade de Deus, transformando-a em um sistema religioso, substituindo a realidade de um relacionamento íntimo com o Senhor por algo focado nas aparências externas.

EM ESPÍRITO E EM VERDADE

O Novo Testamento apresenta a religião dos fariseus como algo maligno. Alguns chamariam isso de espírito de religião. A religião pode ser um esforço humano, e parte dela pode ser algo bom (Tiago 1:27). Mas, apesar de ser um empreendimento humano, só é possível pela graça divina. Aos olhos de Deus, a religião pode ser vivida de modo puro e irrepreensível (Tiago 1:27), mas também é possível que seja impura e contaminada. Em Mateus 15:1-9, Jesus desmascarou a raiz do espírito de religiosidade.

Antes de sua exposição sobre religião, Jesus havia chegado à Galileia, onde fizera milagres (Mateus 14:34-36). O atrito surge precisamente dessas manifestações de poder: parece que os promotores da má religião não toleram que o poder de Deus flua tão facilmente. O fator motivador é que o espírito religioso promove o orgulho pelas boas obras — o que também ocorria com aqueles fariseus. Eles estavam determinados a esmagar aquela mostra de poder, com o único propósito de garantir sua posição na sociedade. O espírito religioso nunca muda e, ainda hoje, manifesta-se bastante. Ao longo dos anos, os religiosos judeus adicionaram uma série de ensinamentos humanos à Palavra divina e fizeram deles dogmas. Seus dogmas religiosos foram tão distorcidos que violaram os mandamentos. Jesus foi ao cerne da questão: para tais fariseus, as tradições dos homens haviam assumido precedência sobre a Palavra de Deus. Podemos imaginar que essa é a raiz do espírito religioso, pois, quando ele se manifesta, a Palavra de Deus é desvalorizada.

Um espírito religioso obtém direito legal em sua vida justamente quando a tradição é exaltada acima dos mandamentos de Deus. Assim, o espírito religioso encontra

13 | O espírito da religião e o espírito da Babilônia

direito legal e pode oprimir a alma dessa pessoa. Os demônios são acessíveis por meio de todas as obras da carne e, às vezes, a religião pode ser uma simples obra carnal, caso não se baseie em um relacionamento com Deus.

Se há ritualismo, mas não há relacionamento com Deus, o resultado é a religião. O rito exterior é oco, sem relação interior com Deus. Embora a seita dos fariseus não existisse no tempo de Isaías, Jesus disse que o profeta havia profetizado acerca deles. Do mesmo modo que os fariseus dos dias de Jesus, os hipócritas dos dias de Isaías eram uma coisa do lado de fora, mas, por dentro, distanciavam-se de Deus. A adoração sem coração é fedor às narinas de Deus, que não suporta esse espírito religioso.

Deus trata aqueles que se rendem ao espírito religioso com mão firme, pois considera que sua postura é a de cegos. É uma intoxicação de rituais religiosos que cortam os circuitos de um relacionamento íntimo com Deus. Cultos de lábios sem coração produzem autoendurecimento, uma espécie de dormência dos sentidos espirituais. A pessoa que passa por esse processo tropeça daqui para lá, na esperança de encontrar algo com que se conectar, mas, em sua consternação, saltando de uma igreja para outra, não é preenchida por nada. Seu ritualismo cruel a deixa falido e em um estado de embriaguez tal que compromete sua moral, em uma espiral descendente de religião sem esperança e que não liberta.

Porque o Senhor derramou sobre vós o espírito de profundo sono, e fechou os vossos olhos, que são os profetas, e vendou a vossa cabeça, que são os videntes. Toda visão já se vos tornou como as

EM **ESPÍRITO** E EM **VERDADE**

palavras de um livro selado, que se dá ao que sabe ler, dizendo: Lê isto, peço-te; e ele responde: Não posso, porque está selado; e dá-se o livro ao que não sabe ler, dizendo: Lê isto, peço-te; e ele responde: Não sei ler. (Isaías 29:10-12)

Por que acontecem toda essa libertinagem e toda essa embriaguez espiritual? Porque as pessoas escolhem o ritual acima do relacionamento. Essa é a fonte da monotonia e da mornidão espiritual. Deus não recebe adoração vazia, que não seja em espírito e em verdade. As palavras de lábios mecânicos sobem a ele como engano sem sentido.

Pessoas que ministram com esse espírito parecem nunca captar a visão da igreja de Cristo ou ouvir a palavra profética do Senhor. Como diz Isaías, a punição por se transitar nesse caminho é a perda de sabedoria e discernimento. Por quê? Porque se faz uma escolha que conduz a um estado passivo, sem poder, de insensibilidade espiritual completa. Esse é o espírito religioso que aprisiona as pessoas na passividade e no *status quo*, em um espírito de estupefação.

Em Romanos 11, Paulo descreve as pessoas dominadas por esse espírito de religião: fazem obras de justiça, mas nunca sentem a aceitação de Deus (v. 5-6); vão à igreja, mas com o coração endurecido (v. 7); são seduzidas por seus apetites e pela luxúria, e vivem longe da obediência a Deus (v. 9); e, por fim, são escravizadas pelo pecado (v. 10).

Se você estiver vivendo no espírito da religião, mas decidir desistir dessa parceria, deve arrepender-se para sempre, abandonando a ideia de que pode acalmar Deus com ritos externos. Não! Em vez disso, você deve parar

13 | O espírito da religião e o espírito da Babilônia

de ser seu próprio senhor, para que Cristo seja em seu lugar. Em seguida, é preciso fazer um pacto de obediência, pela graça, à Palavra de Deus. Renuncie a qualquer tradição dos homens que agem contra Deus. Por fim, descarte o acordo feito com o demônio que chamamos espírito da religião, que tem dado espaço legal ao pecado de exaltar as tradições dos homens acima de Deus e de sua Palavra.

O espírito da religião é um demônio que tem por objetivo substituir o poder do Espírito Santo em nossas vidas e desviá-lo com o falso poder da atividade religiosa. Sua principal meta é fazer com que os membros das igrejas tenham a aparência de piedade, mas sem o poder da piedade (2Timóteo 3:5). O espírito religioso opera como um alimento que não agrega valor nutricional ou substância, só infla — esse é o produto do espírito religioso. Ele não contribui para a vida ou para o poder da igreja; apenas alimenta com o mesmo orgulho que causou a queda.

Satanás sabe que Deus resiste aos soberbos, mas dá graça aos humildes (Tiago 4:6). Ele não faz aliança com quem tem o ego inflado de orgulho. Assim, a estratégia do diabo é promover o orgulho, até mesmo no que se refere a conhecer a Bíblia, testemunhar ou alimentar os pobres. Ele sabe que, se fizermos a vontade de Deus com soberba, nosso trabalho pode ser contraproducente e, em última instância, conduzir à nossa queda.

Uma das características mais enganosas do espírito religioso é nos fazer crer que seus alicerces são o zelo por Deus. Tendemos a pensar que o zelo pelas coisas celestiais nunca pode estar errado, mas isso não é verdade. Em Romanos 10:2, Paulo escreveu sobre seus irmãos judeus e declarou que eram zelosos, embora estivessem errados.

EM ESPÍRITO E EM VERDADE

Aqueles com verdadeiro zelo são os mais difíceis de tratar, por isso a estratégia do inimigo contra eles é elevar seu zelo, tanto quanto possível, ao nível da arrogância. Afinal, dar glórias ao próprio zelo é idolatria.

O Senhor teve pouco problema com a maioria dos demônios durante sua caminhada na terra. Eles rapidamente reconheciam sua autoridade e rogavam por misericórdia. Mas o espírito religioso era diferente. Ele estava agarrado aos líderes inflados de zelo religioso, que imediatamente se convertiam nos maiores inimigos de Jesus. Os mais zelosos pela Palavra de Deus crucificaram a própria Palavra, que se fez carne para andar entre eles. E isso ocorre ainda hoje.

Todas as falsas religiões combinadas não causaram tantos danos ao mover de Deus quanto o espírito da religião infiltrado na igreja. As religiões e os cultos se discernem e se descartam com facilidade, mas o espírito religioso é extremamente sutil. Nele, nasce toda tentativa possível de interromper o mover de Deus.

Existem alguns sinais de alerta que revelam quando as pessoas foram dominadas pelo espírito de religião:

- Muitas vezes elas veem como sua principal missão combater tudo o que acham estar errado dentro da igreja.
- São incapazes de aceitar uma repreensão, especialmente de quem consideram ser menos espiritual.
- Têm como filosofia dizer: "Eu não vou ouvir pessoas, somente Deus". Uma vez que Deus frequentemente fala por meio das pessoas, isso é um engano óbvio, que revela um orgulho espiritual sério.

13 | O espírito da religião e o espírito da Babilônia

- São mais inclinadas a ver o que está errado do que o que está certo em outras pessoas e nas igrejas.
- São objeto de enorme sensação de culpa, pois baseiam o relacionamento com o Pai de acordo com suas ações, e não com a cruz.
- Mantêm registro de sua vida espiritual, como, por exemplo, ir a tantas reuniões, ler a Bíblia mais que os outros e fazer mais coisas para o Senhor.
- Creem que foram levantadas para corrigir as demais, como vigilantes autoproclamadas do reino de Deus. Raramente estão envolvidas em edificação, mas mantêm a igreja em estado de agitação e chegam a causar graves divisões.
- Sentem que estão mais perto de Deus do que as outras pessoas e acreditam que sua vida ou seu ministério são mais agradáveis a ele.
- Orgulham-se de sua maturidade espiritual e de sua disciplina, especialmente em comparação com as outras pessoas.
- Acreditam que são parte do que de mais importante Deus está fazendo naquele momento.
- Realizam ações para ser vistas pelas pessoas.
- Rechaçam o emocionalismo e acusam as emoções autênticas provocadas por Deus de carnalidade.
- São incentivadas quando seu ministério parece melhor que outros.
- Valorizam mais o que Deus fez no passado do que aquilo que faz no presente.
- Tendem a desconfiar de novos movimentos, novas igrejas e ações que Deus realiza em nossos dias, e frequentemente se opõem a isso.

EM **ESPÍRITO** E EM **VERDADE**

- Rejeitam manifestações espirituais que não entendem, por conta de seu orgulho e de sua arrogância de supor que seus pontos de vista são idênticos aos de Deus.
- Aniquilam aqueles que ainda estão em processo de santificação, criticando-os em vez de ajudá-los a avançar.
- Enxergam imaturidade como um grande mal, sem levar em consideração que amadurecer leva tempo e faz parte do processo natural de desenvolvimento de qualquer pessoa.
- São muito propensas a ver as manifestações sobrenaturais de Deus como aprovação, o que é outra maneira de se comparar aos outros. Aqueles que usam os milagres para construir sua reputação estão longe do caminho da vida.

Em contraponto às vítimas do espírito da religião, estão aqueles que verdadeiramente adoram a Deus em espírito e em verdade. Essas são pessoas maduras que têm a capacidade de discernir o que é espiritual e o que é natural. Enquanto alguns, estagnados em sua fé intelectual, racionalizam tudo e se transformam em críticos destrutivos, outros mergulham no rio de Deus e se abrem para experiências sobrenaturais, são cheios do Espírito Santo e recebem revelações do alto sobre a realidade espiritual.

Aqui, eu me refiro à percepção e à interpretação equilibradas do mundo espiritual invisível, mas real, que coexiste e interage com a realidade material. Em Efésios 6:12, Paulo se refere a ter uma compreensão profunda da luta contra principados e potestades, com o entendimento de

13 | O espírito da religião e o espírito da Babilônia

que nem tudo é fruto de ações demoníacas, mas sabendo reconhecer quando, de fato, é.

O ESPÍRITO DA BABILÔNIA

Além do espírito da religião, existe outro que representa a cultura mundial em rebelião contra Deus: o espírito da Babilônia. Ele simboliza a humanidade pecadora, com sua ambição, seu orgulho e sua depravação. Veja:

> Depois destas coisas, vi descer do céu outro anjo, que tinha grande autoridade, e a terra se iluminou com a sua glória. Então, exclamou com potente voz, dizendo: Caiu! Caiu a grande Babilônia e se tornou morada de demônios, covil de toda espécie de espírito imundo e esconderijo de todo gênero de ave imunda e detestável, pois todas as nações têm bebido do vinho do furor da sua prostituição. Com ela se prostituíram os reis da terra. Também os mercadores da terra se enriqueceram à custa da sua luxúria. Ouvi outra voz do céu, dizendo: Retirai-vos dela, povo meu, para não serdes cúmplices em seus pecados e para não participardes dos seus flagelos; porque os seus pecados se acumularam até ao céu, e Deus se lembrou dos atos iníquos que ela praticou. Dai-lhe em retribuição como também ela retribuiu, pagai-lhe em dobro segundo as suas obras e, no cálice em que ela misturou bebidas, misturai dobrado para ela. (Apocalipse 18:1-6)

A exortação é clara: *retirai-vos dela, povo meu*! Evidentemente, trata-se de uma conclamação espiritual, e não de um chamado para sair de uma região geográfica.

EM **ESPÍRITO** E EM **VERDADE**

É uma ordem para quebrar vínculos e romper com a influência desse sistema degenerado de princípios e valores.

O espírito da Babilônia está na terra e age desde que a cidade de Babilônia foi fundada, milênios atrás. Gênesis 11 mostra quando a torre de Babel estava sendo edificada, e é importante que saibamos que *Babel* é a forma hebraica do grego *Babilônia*. Além de uma cidade poderosa e deslumbrante, Babilônia era uma cidade primariamente religiosa. Seus habitantes quiseram construir uma torre que alcançasse o céu, em razão de seu orgulho religioso. É o espírito que está por trás da tentativa humana de alcançar o céu, de chegar a Deus, que está por trás das religiões criadas pelo homem. Esse espírito faz com que ambição, orgulho, competição, egoísmo, inveja e partidarismo sejam a real motivação por trás do que se faz.

Esse espírito sempre sugere que precisamos ser importantes, que as pessoas devem lembrar-se de você, que seu nome é digno de destaque. Em outras palavras, é um espírito que leva as pessoas a tentarem reter para si a glória que pertence somente a Deus. A grande questão é que o reconhecimento daquele que adora em espírito e em verdade é o que vem somente do Senhor. O autêntico adorador busca desaparecer para que Jesus apareça e, se houver alguma glória, que seja a Deus!

O espírito da Babilônia faz com que a igreja pare de avançar. Inflamada em seu orgulho, ela "se estabelece" e começa a olhar para si mesma. Com isso, paralisa, entra em apostasia e, com o tempo, torna-se algo mundano. O fogo se apaga e as pessoas perdem o compromisso com Deus. O culto passa a ser morto, pois é a celebração a um Deus distante. Os que se comprometeram com esse

13 | O espírito da religião e o espírito da Babilônia

espírito frequentemente acabam aprisionados a ganância, ostentação, vícios, bebedices, drogas e prostituição.

O chamado de Deus é claro: é preciso retirar-se da Babilônia, para não se tornar participante de seus pecados e para não incorrer em suas pragas. Deus está chamando a igreja a se quebrantar; a se arrepender; a viver em humildade e pureza de coração; a buscar a simplicidade, a integridade e a verdade; e a se apartar desse espírito.

Apocalipse fala daqueles que vieram da Babilônia, mas levantaram um exército contra ela (Apocalipse 18:20). João escreveu sobre uma geração santa, que anda debaixo de uma unção apostólica e profética, levantada nos últimos dias, uma geração que trará julgamento sobre o espírito da Babilônia. Quando você deseja andar como Jesus andou, seu caráter, suas palavras, seu comportamento, sua simplicidade e sua pureza serão instrumentos para abrir os portões da Babilônia e liberar seus prisioneiros. Além disso, suas orações serão como dinamites no alicerce da Babilônia!

O apóstolo Paulo foi um dos maiores e mais fiéis servos de Deus na história. E, por trás de sua fé, havia três grandes motivações: esperança, amor e o juízo divino. Falemos sobre esse último ponto. É fato que um dia todos os que passaram pela face da terra estarão reunidos no lugar do juízo para serem julgados por Jesus. Quem perde de vista o dia do juízo torna-se frio, desinteressado e inconsequente. Isso é terrível, pois é fato que vamos nos encontrar com o Justo Juiz e prestaremos conta de nossas vidas. Prestaremos contas de toda pregação, leitura bíblica, louvor, livro lido e folheto a que tivemos acesso. E a Palavra será testemunha: *ele ouviu*.

EM ESPÍRITO E EM VERDADE

Naquele dia, os pregadores e pastores serão chamados à frente para testemunhar sobre aqueles que ouviram o evangelho e falarão a favor ou contra, de acordo com a resposta de cada um. A salvação é um dom de Deus e não pode ser conquistada pelo esforço humano, mas pela graça. Mas o mesmo Jesus que morreu por nossos pecados nos advertiu sobre as consequências de negligenciarmos essa graça. O que quero destacar é o fato de que, entre os piores casos, estarão os servos inúteis e aqueles que pregaram, expulsaram demônios, curaram enfermos... enquanto praticavam a iniquidade. Gente que escondeu o talento e não investiu seu tempo nos interesses de Deus, limitando-se a manter a aparência de religiosidade (Mateus 25:26-30). Ao mesmo tempo que muitos estarão em total desespero, aqueles que perseveraram até o fim se mostrarão confiantes. A primeira programação da solene reunião já está anunciada. Deus vai separar as ovelhas dos cabritos (Mateus 25:32-34), e os que permanecerem em Cristo terão ousadia (1João 2:28). Os livros serão abertos e todos nós seremos julgados: uns para galardão; outros para perdição.

Diante disso, devemos responder, antes que sobrevenha a nós o terrível juízo: temos vivido debaixo da influência do espírito da religião? Acaso temos nos submetido ao espírito da Babilônia? Ou temos exercido em nossa vida um procedimento que presta a Deus adoração em espírito e em verdade? O que será dito sobre nós no momento do julgamento? Pense a esse respeito. Julgue a si mesmo. E, se perceber que está sendo guiado por espíritos contrários ao Espírito de Deus, confesse seus pecados, quebre o ciclo da apostasia, volte-se ao Senhor de todo o coração... e ele renovará sua fé.

14

**ADORAÇÃO QUE RECONQUISTA
A PRESENÇA DE DEUS**

> Por que, pois, desprezaste a palavra do Senhor, fazendo o que era mau perante ele? A Urias, o heteu, feriste à espada; e a sua mulher tomaste por mulher, depois de o matar com a espada dos filhos de Amom. Agora, pois, não se apartará a espada jamais da tua casa, porquanto me desprezaste e tomaste a mulher de Urias, o heteu, para ser tua mulher. Assim diz o Senhor: Eis que da tua própria casa suscitarei o mal sobre ti, e tomarei tuas mulheres à tua própria vista, e as darei a teu próximo, o qual se deitará com elas, em plena luz deste sol. Porque tu o fizeste em oculto, mas eu farei isto perante todo o Israel e perante o sol. Então, disse Davi a Natã: Pequei contra o Senhor. Disse Natã a Davi: Também o Senhor te perdoou o teu pecado; não morrerás.
>
> (2Samuel 12:9-13)

O maior presente que Deus pode nos conceder é ele mesmo. Nada além de seu ser nos completa satisfatoriamente, nem o êxtase proporcionado pelos momentos em família, nem um grande amor, nem as sensações que nos trazem as conquistas, nem a felicidade que o dinheiro comprar, nem a qualidade de uma vida saudável, nem o sexo... nada! Nada se compara ao que temos na presença de Deus (Salmos 84:10).

A ausência de Deus causa dor, vazio e sofrimento. Por que deixamos tudo para trás a fim de segui-lo? Pelo benefício da presença, pois, sem ela, tudo é seco, oco, difícil, mecânico. Sem a presença de Deus, o que sobra é religião, um fardo pesado demais.

14 | Adoração que reconquista a presença de Deus

Davi provou sua fidelidade a Deus no anonimato, na injustiça e na vitória, e a presença de Deus o transformou em um rei próspero e vencedor. Aquele homem amava a presença do Senhor, tanto que levou a arca para Jerusalém, estabeleceu turnos de adoração 24 horas por dia e escreveu ao menos 73 dos 150 salmos. Mas a presença de Deus era resultado de sua fidelidade. Quando Davi se tornou infiel, adulterando e mandando matar o marido de Bate-Seba, Deus o perdoou, mas houve consequências: família dividida, filho morto e concubinas entregues a outro.

No Salmo 51, vemos Davi orar confessando seu pecado. As palavras deixam claro que seu maior medo era perder a presença de Deus: "Cria em mim, ó Deus, um coração puro, e renova em mim um espírito reto [...]. Não me lances fora de tua presença, não retires de mim o teu Espírito" (v. 10-11). Davi tinha uma referência: ele viu Saul, seu antecessor, desmoronar, surtar e cair em estado de loucura quando a presença de Deus se retirou dele por causa do seu pecado e da sua rebelião. Sim, Davi sabia como era o fim de um homem que perde a presença de Deus: outrora poderoso, depois amaldiçoando, blasfemando e vivendo sem temor e sem esperança.

O que acontece quando a presença de Deus se retira de nós? Saul é um retrato trágico daqueles que sofreram essa perda. Aquele homem caiu em melancolia e depressão, e passou a ser assolado por um espírito de inveja e ciúmes, que o deixou inseguro. A ausência de Deus provoca desesperança, irritação repentina, acessos de mau humor, medo e insegurança.

EM ESPÍRITO E EM VERDADE

Existe a depressão causada por falta de substâncias no cérebro, mas existe também aquela provocada pela ausência de Deus, caracterizada por uma tristeza sem-fim, angústia, apatia, fadiga, diminuição da capacidade de raciocinar adequadamente, insônia ou hiperssonolência, perda ou aumento do apetite, retraimento social, agressividade, ausência de prazer na maior parte das atividades, sentimento de inutilidade, culpa, baixa autoestima, comportamento autodestrutivo e irritabilidade. Os religiosos que passam por isso fazem confissão sem mudança de coração, assim como Saul, que sempre confessava que havia pecado, mas não mudava seu comportamento.

Uma pessoa perde a presença de Deus quando o coração se torna indiferente aos mandamentos. Se dizemos que amamos o Senhor, mas não lhe obedecemos, não o estamos seguindo, mas seguindo a nós mesmos. Assim, para recuperarmos a presença de Deus, devemos nos voltar para a Bíblia e ver o que o povo de Israel fez quando perdeu a divina presença. Para que ela retornasse, três coisas aconteceram: primeiro, os israelitas choraram, prantearam, se arrependeram e se entristeceram. Segundo, removeram os atavios (amuletos de ouro e prata em honra aos deuses egípcios). Terceiro, Moisés levantou uma tenda fora do acampamento. Em outras palavras: arrepender-se, voltar ao ponto no qual ocorreu a queda, retomar a jornada de fidelidade e abandonar as práticas pecaminosas.

O que Deus tem para nós é grande e excede nosso entendimento, mas há alguns passos que devem ser dados e decisões que devem ser tomadas antes que o projeto saia do papel.

O ALTAR

Esdras foi um sacerdote escriba, versado na lei de Moisés, que nasceu na Babilônia durante o cativeiro do povo de Judá, cerca de cinco séculos antes de Cristo. Embora tenha nascido em uma nação estranha e pagã, ele obteve informações sobre o templo de Jerusalém e a terra de seus pais. O resultado foi que Deus lhe deu um grande desejo de restaurar o templo, em meio a um verdadeiro reavivamento espiritual.

Esdras recebeu de Ciro, rei da Pérsia, autorização para voltar a Jerusalém com os que quisessem acompanhá-lo, levando material e dinheiro para reerguer o templo e restabelecer seus serviços. E, antes que se cumprisse a promessa, o altar foi restaurado. Hoje, nós somos templos do Espírito Santo, e Deus colocou seu altar dentro de nós. A restauração do templo simboliza a restauração de nossa vida, que só acontece se antes houver restauração espiritual.

Aprendemos com Esdras que, antes de conquistar e transformar a terra, os altares devem ser erguidos. Como os princípios da vida material ocorrem a partir do que acontece nas regiões celestiais, temos de entender que há uma guerra de altares nos céus. Onde há adoração em espírito e em verdade, há resposta espiritual, pois a adoração verdadeira a Deus traz o céu à terra, enquanto a falsa adoração traz o inferno.

Quando plantamos igrejas, estamos erguendo altares a Deus. A Bíblia mostra que apenas os sacerdotes levantavam altares, que tinham de ser reconhecidos e legitimados pela sociedade. Com isso, o altar tinha legalidade

EM **ESPÍRITO** E EM **VERDADE**

e tornava-se referência de santificação e compromisso. Não adianta buscar restauração da vida sem restauração de altar. Por isso, devemos sempre nos perguntar: como está nosso altar?

Em 1Reis 18:30, vemos Deus conclamar o povo à santificação e o profeta Elias agir em favor disso. Como? "Chegai-vos a mim, todo povo se achegou a ele e Elias reparou o altar do Senhor que estava em ruínas". Sim, o que o profeta fez foi reparar o altar, que estava em ruínas porque haviam construído outros altares para os ídolos de povos vizinhos, como Baal. O coração daquelas pessoas estava dividido: elas queriam ser adoradoras de Deus, mas, ao mesmo tempo, serviam a Baal, ou seja, não prestavam adoração a Deus em espírito e em verdade, não havia entrega total. Como consequência, havia o estabelecimento de alianças indevidas, sua religião tornou-se de conveniência, vieram a frustração e a esterilidade e, por fim, elas receberam o juízo de Deus.

Para promover a restauração, é preciso haver disposição, fé e coragem. Elias construiu um altar e só depois veio o fogo, o que mostra que, para haver culto, é preciso haver um altar. "Um altar de terra me farás, e sobre ele sacrificará teus holocaustos, e as tuas ofertas pacíficas, as tua ovelhas e os teus bois, Em todo lugar que fizer recordar meu nome, virei a ti e ti abençoarei" (Êxodo 20:24). Vemos alguns exemplos dessa realidade em diferentes passagens bíblicas, como Gênesis 8:20; 12:27; 26:25; 35:1; Êxodo 17:5; Juízes 6:24; 1Samuel 14:35; 2Samuel 24:18. O padrão central da dinâmica do altar está em Levítico 6:8-13:

130

14 | Adoração que reconquista a presença de Deus

Disse mais o Senhor a Moisés: Dá ordem a Arão e a seus filhos, dizendo: Esta é a lei do holocausto: o holocausto ficará na lareira do altar toda a noite até pela manhã, e nela se manterá aceso o fogo do altar. O sacerdote vestirá a sua túnica de linho e os calções de linho sobre a pele nua, e levantará a cinza, quando o fogo houver consumido o holocausto sobre o altar, e a porá junto a este. Depois, despirá as suas vestes e porá outras; e levará a cinza para fora do arraial a um lugar limpo. O fogo, pois, sempre arderá sobre o altar; não se apagará; mas o sacerdote acenderá lenha nele cada manhã, e sobre ele porá em ordem o holocausto, e sobre ele queimará a gordura das ofertas pacíficas. O fogo arderá continuamente sobre o altar; não se apagará. (Levítico 6:8-13)

Vemos que o fogo do altar deveria ficar aceso continuamente. O holocausto ficaria ali durante toda a noite e o fogo o queimaria. Pela manhã, o sacerdote removeria as cinzas e colocaria mais lenha, para que a chama jamais se apagasse. Isso nos mostra que a responsabilidade de manter a chama acesa é nossa, e que é preciso haver sempre fogo ali, pois o fogo simboliza a presença manifesta de Deus, o fervor, a dedicação.

Já as vestes de linho simbolizavam a santidade, pois, para o altar estar em ordem em nossa vida, temos de usar as vestes da santidade (Malaquias 1:7). As cinzas levadas para fora apontam para a sujeira que se junta no altar, o que nos remete à limpeza do coração: confissão de pecados, restauração da comunhão e abertura de espaço para novas experiências. Portanto, se, hoje, temos lembrança

EM **ESPÍRITO** E EM **VERDADE**

do que Deus fez no passado, não podemos viver disso, mas, sim, do que o Senhor está fazendo e ainda fará. Temos de remover as cinzas, para que haja mais adoração, mais louvor e mais sacrifícios. Quando nos apegamos ao passado, nosso altar fica entulhado de cinzas. Por outro lado, quando nos desfazemos constantemente das cinzas das coisas velhas, nosso altar estará pronto para a adoração em espírito e em verdade — que gera autoridade, unção, força e sabedoria.

GRATIDÃO

Algo importante, neste ponto, é nos lembrarmos do papel da gratidão nesse processo. Você pode se perguntar: o que a gratidão tem a ver com adoração e intimidade com Deus?

Primeiro, gratidão gera adoração. Salmos 100:4 diz: "Entrai por suas portas com ações de graça e nos seus átrios com hinos de louvor", e essa é uma referência ao tabernáculo, onde estava a presença de Deus nos tempos do Antigo Testamento. A porta de entrada para a sala do trono é a ação de graças, pois o nível de gratidão determina a qualidade da adoração.

Segundo, devemos entender a gratidão como oferta, como sacrifício. Na Antiga Aliança, as ofertas e os sacrifícios são símbolos de gratidão: "Oferece teu sacrifício de ações de graças e proclamem com júbilo as suas obras" (Salmos 107:22); "Oferecerei sacrifícios de ações de graça e invocarei o nome de Senhor" (Salmos 116:17). Lembrando que o sacrifício aponta para um esforço realizado, uma pena sofrida voluntariamente para a expiação de uma falta e, como tal, deve ser voluntário: com frequência, dói, mas nós seguimos dando graças.

Terceiro, a ação de graças anda de mãos dadas com o louvor, pois não há louvor sem gratidão. "Este é o dia que o Senhor fez, regozijemo-nos e alegremo-nos nele" (Salmos 118:24). Nossa gratidão deve ser um hábito diário, algo que ocorra mediante o reconhecimento das bênçãos e das dádivas que Deus nos concede, até mesmo em meio às provas. Podemos não compreender, mas decidimos confiar, mesmo sendo difícil.

Seja grato. Que a sua adoração, em espírito e em verdade, ocorra sempre com gratidão no coração, um coração que reconhece que a graça de Deus age em nossa vida mesmo no vale da sombra da morte, conduzindo o verdadeiro adorador a pastos verdejantes e águas tranquilas!

15

PEDRAS AFOGUEADAS

Veio a mim a palavra do Senhor, dizendo:
Filho do homem, levanta uma lamentação sobre o rei de Tiro, e dize-lhe: Assim diz o Senhor Deus: Tu eras o selo da medida, cheio de sabedoria e perfeito em formosura. Estiveste no Éden, jardim de Deus; de toda a pedra preciosa era a tua cobertura: sardônica, topázio, diamante, turquesa, ônix, jaspe, safira, carbúnculo, esmeralda e ouro; em ti se faziam os teus tambores e os teus pífaros; no dia em que foste criado foram preparados.
Tu eras o querubim, ungido para cobrir, e te estabeleci; no monte santo de Deus estavas, no meio das pedras afogueadas andavas. Perfeito eras nos teus caminhos, desde o dia em que foste criado, até que se achou iniquidade em ti. Na multiplicação do teu comércio encheram o teu interior de violência, e pecaste; por isso te lancei, profanado, do monte de Deus, e te fiz perecer, ó querubim protetor, do meio das pedras afogueadas elevou-se o teu coração por causa da tua formosura, corrompeste a tua sabedoria por causa do teu resplendor; por terra te lancei, diante dos reis te pus, para que olhem para ti.
Pela multidão das tuas iniquidades, pela injustiça do teu comércio, profanaste os teus santuários; eu, pois, fiz sair do meio de ti um fogo, que te consumiu e te tornei em cinza sobre a terra, aos olhos de todos os que te veem. Todos os que te conhecem entre os povos estão espantados de ti; em grande espanto te tornaste, e nunca mais subsistirás.

EZEQUIEL 28:11-19

EM ESPÍRITO E EM VERDADE

Antes de sua queda, Satanás era um querubim ungido, perfeito, cheio de sabedoria e formosura. Deus se alegrava nele e o tinha em alto conceito. Aquele anjo ocupava posição de destaque, e sua adoração era perfeita, ou seja, irreparável, ideal, excelente, completa. Porém, em certo momento, nele se achou iniquidade. Por mais que, hoje, possa nos parecer um contrassenso, esse texto nos apresenta algumas lições sobre o perfil do verdadeiro adorador, tal qual Satanás era antes de sua queda — pois, antes de incorrer em pecado, ele adorava de uma maneira que agradava plenamente a Deus.

Primeiro, vemos que ele se dedicava ao preparo: "Em ti se faziam os teus tambores e os teus pífaros; no dia em que foste criado foram preparados". Não há adoração em espírito e em verdade sem preparo. É preciso haver dedicação e cuidado na escolha das músicas, nos ensaios, no entrosamento entre os músicos, na afinação dos instrumentos, na regulação do som, na pontualidade, na disciplina, na organização e na excelência. O adorador também deve preparar-se, sendo o mais perfeito possível: em caráter, obediência, submissão e fidelidade. Ele deve ser consagrado, ter uma vida de oração, ser constante na leitura bíblica e agir com temor de Deus.

Segundo, vemos a importância da santidade na adoração. Em "Estiveste no Éden, jardim de Deus", aponta-se não para o Éden terreno, mas para o Éden celestial, antes de a nova Jerusalém ser inaugurada. Em seu estado original, Satanás tinha acesso ao trono, o que só seria possível se não houvesse nada de pecaminoso.

Terceiro, vemos que aquele querubim era "cheio de sabedoria". Um adorador sábio é o que sabe se posicionar, ou seja, sabe a hora de falar e a hora de calar. Também é ético e não invade o espaço do vizinho, compreendendo os limites das atribuições alheias. Ele sabe trabalhar em grupo e pelo grupo, além de ser conselheiro, equilibrado, ensinável e forte.

Quarto, lemos no texto: "de toda a pedra preciosa era a tua cobertura", o que fala de uma cobertura preciosa. Assim como o querubim era designado para cobrir, o adorador que adora em espírito e em verdade dá cobertura e suporte às outras pessoas, formando-as e treinando-as, ensinando o que sabe e multiplicando o conhecimento sem egoísmo nem possessividade.

Quinto, vemos que o adorador verdadeiro tem de ser ungido, ou seja, separado, capacitado pela unção. Aquele que é assim não é confiante em si e no seu dom, mas totalmente dependente do Espírito Santo — não para fazer um som ou mostrar suas composições e seu talento, mas para mostrar Deus. A unção do adorador revela a presença de Deus, que adora não para homens, mas para o Senhor. Ele não faz a obra em sua própria força, mas se apresenta totalmente dependente da unção.

Sexto, quem adora em espírito e em verdade é protetor. O antigo querubim tinha como uma de suas funções proteger o altar. Em uma aplicação hodierna dessa realidade, o adorador protege o ministério, o pastor e o líder, e é leal e fiel à liderança. Assim como um pai protege os filhos e um marido protege a família, honrando e priorizando, o adorador verdadeiro rejeita a difamação, a mentira e a fofoca. A crítica só tem valor

EM **ESPÍRITO** E EM **VERDADE**

quando é feita à pessoa que pode beneficiar-se dela; do contrário, é fofoca.

Sétimo, o adorador que agrada ao coração de Deus é estabelecido por ele, ou seja, é o Senhor quem o estabelece, o levanta e o honra. Esse homem, ou essa mulher, não se exalta nem se envia, mas respeita o querer e o fazer de Deus.

Oitavo, quem adora em espírito e em verdade tem consciência de onde está: "No monte santo de Deus estavas". Quem adora no culto, por exemplo, conduzindo o momento de louvor, sabe que ali não é um palco ou uma plataforma, mas um altar. E entende que serve ao Reino, e não a um clube ou a si mesmo. Esse adorador tem reverência ao momento de adoração, por compreender que não podemos tratar como algo comum o que Deus chama de especial.

Nono, vemos que o adorador verdadeiro anda no meio de sua própria missão: "No meio das pedras afogueadas andavas". Aquele era o rio no qual o querubim fluía em seu dom e em seu chamado, porque estava cumprindo a missão para a qual Deus o havia estabelecido.

A QUEDA

O querubim de Deus que viria a se tornar Satanás reunia todas essas características. Porém, veio a queda. Não sabemos exatamente como se deu a mudança em seu coração, sendo ele tão perfeito e precioso, mas temos uma pista: "Pela multidão das tuas iniquidades, pela injustiça do teu comércio". Isso revela que aquele ser angelical passou a tomar para si a glória que era de Deus, as "pedras afogueadas" (algo como um carvão que mantém o fogo aceso) que abasteciam o altar.

138

Fica claro que o querubim passou a desejar para si os aplausos, os elogios e a honra que eram devidos exclusivamente ao seu Criador. Ele passou a fazer a obra com a motivação errada, por interesse e ganância, em busca de reconhecimento. Hoje, vemos frequentemente isso se repetir, quando servos de Deus de coração bondoso, homens e mulheres que adoram ao Senhor em espírito e em verdade, passam a almejar fama e o dinheiro que podem ganhar ministrando nas igrejas.

Infelizmente, o querubim caiu, em razão de sua arrogância e de sua vaidade. Os adoradores de nossos dias têm de vigiar para não incorrer no mesmo mal. Devem buscar a perfeição sem deixar o orgulho e a soberba entrarem em seus corações e os conquistarem. Muitos, infelizmente, seguem o mesmo caminho que Satanás e começam a viver criticando e procurando defeito nos outros, pois se acham melhores que os demais.

O querubim caiu quando quis o que não era dele. Quando passamos a cobiçar o que não é nosso, perdemos até mesmo o que temos. Por isso, não cobice o que os outros estão vivendo; apenas faça seu melhor e escreva sua história com humildade e unidade, alegrando-se com quem se alegra. Satanás, o primeiro a se rebelar, é o pai dos rebeldes. Esse tipo de postura começa com mágoa não tratada e ingratidão. Se estamos de pé, devemos cuidar para não cair.

COMBUSTÍVEL DE ADORAÇÃO

Nos últimos anos, todo aquele que é sensível ao Espírito Santo tem observado uma tremenda ação de Deus

EM **ESPÍRITO** E EM **VERDADE**

sobre a igreja. Vivemos dias em que a igreja está sendo preparada para ser apresentada a Deus como gloriosa, sem mancha, ruga ou coisa semelhante, mas santa e inculpável (Efésios 5:27). Nesse processo, uma das grandes ênfases é a adoração.

Uma das afirmações mais misteriosas de Jesus está registrada no diálogo com a mulher samaritana: "Mas a hora vem, e agora é; em que os verdadeiros adoradores adorarão em espírito e em verdade; porque o Pai procura a tais que assim o adorem. Deus é espírito, e importa que os que o adoram o adorem em espírito e verdade" (João 4:23-24). Esse é um mistério oculto nas Escrituras, tanto no Novo como no Antigo Testamento. O Novo está escondido no Antigo, e o Antigo é revelado no Novo.

Fato é que a adoração antecede a criação do mundo material. A passagem de Ezequiel 28 revela que Deus já era adorado pelos anjos antes mesmo de o cosmos ser formado. As pedras afogueadas que o texto menciona são uma referência à adoração dos anjos naquela realidade espiritual. O fogo era o "combustível" do trono de Deus, como mostra a visão do profeta Daniel: "Eu continuei olhando, até que foram postos uns tronos, e um ancião de dias se assentou; a sua veste era branca como a neve, e o cabelo de sua cabeça como a limpa lã; o seu trono chamas de fogo, e as rodas dele, fogo ardente" (Daniel 7:9).

Quando o texto de Ezequiel diz que o querubim perfeito foi achado em iniquidade em meio à multiplicação de seu comércio, isso demonstra que ele passou a "roubar pedras afogueadas", ou seja, a roubar adoração: "pela injustiça do teu comércio profanaste os teus santuários" (v. 18). O trono se movia com essa espécie

140

15 | Pedras afogueadas

de combustível posto sobre o altar, como mostra outra passagem de Ezequiel:

> E vi os animais, e eis que havia uma roda na terra junto aos animais, para cada um dos seus quatros rostos. O aspecto das rodas e a obra delas eram como cor de turquesa, e as quatros tinham a mesma semelhança; e o seu aspecto e a sua obra eram como se estivera uma roda no meio da outra. Andando elas, andavam pelos quatro lados deles; não se viravam quando andavam. Essas rodas eram tão altas que metiam medo; e as quatro tinham as suas cambas cheias de olhos ao redor. (Ezequiel 1:19-21)

É importante observar que o Espírito Santo estava nas rodas do trono. A Bíblia nos mostra que cada uma das três pessoas da Trindade desempenha funções específicas, e o mover é inerente ao Espírito: "E a terra era sem forma e vazia, e havia trevas sobre a face do abismo; e o Espírito de Deus se movia sobre a face das águas" (Gênesis 1:2). A ação de Deus era resultado do mover do Espírito Santo e, para o trono (o Espírito) se mover, o combustível eram as pedras afogueadas. O Espírito é o dínamo, mas, para que haja combustão, é preciso haver material inflamável. A adoração no céu era o combustível do trono, aquilo que fazia Deus agir.

Em resumo, podemos dizer que o Espírito Santo é o responsável pela movimentação do trono por meio da adoração. Ele "abastece" o altar comandado aqui na terra. Depois de Cristo, Deus decidiu agir em resposta à oração e à adoração. Assim, o Espírito Santo procura a adoração e, em resposta a esse mover, Deus age.

EM **ESPÍRITO** E EM **VERDADE**

As pedras afogueadas da adoração estão presentes em diversas expressões diferentes na Bíblia, como na manifestação da purificação: "Um dos serafins voou para mim, trazendo na sua mão uma brasa viva, que tirara do altar com tenaz; e com a brasa tocou minha boca, e disse: eis que isto tocou os teus lábios; e a tua iniquidade foi tirada, e expiado teu pecado" (Isaías 6:6-7); "Das suas narinas, subiu fumaça, e fogo devorador saiu da sua boca; dele, saíram brasas ardentes" (Salmos 18:8).

CONCLUSÃO

Não adianta querermos impor a Deus um tipo de adoração que atenda aos nossos anseios, mas não alegrem seu coração. Uma demonstração eficaz de amor, submissão e honra precisa ocorrer numa linguagem que o interlocutor receba bem, a fim de gerar plenitude e realização. Por isso, a adoração verdadeira deve ocorrer em espírito e em verdade, como o próprio Senhor Jesus afirmou e nos ensinou.

Neste livro, percorremos o caminho bíblico de revelação e conhecimento acerca da adoração verdadeira, aquela que move os céus e faz algo novo brotar sobre a terra. É a adoração que faz o inferno tremer e as miríades angelicais avançarem, em resposta a um Deus que se manifesta em favor dos que o adoram, trazendo bênçãos, vitória, conquistas e júbilo.

Que cristão verdadeiro não quer prestar esse tipo de adoração? É claro que todos nós, que amamos a Deus, queremos isso! Portanto, é hora de pegar todo o aprendizado deste livro, refletir sobre a respeito e transformá-lo em ações práticas de adoração. Não basta conhecer a verdade; é preciso vivê-la de forma real e consequente, tanto no que se refere ao nosso relacionamento com o próximo como — e principalmente — no que diz respeito à nossa relação com Deus.

EM ESPÍRITO E EM VERDADE

A verdadeira adoração é capaz de promover grandes resultados. Seus frutos são extraordinários. Nem olhos viram nem ouvidos ouviram o que Deus tem preparado para aqueles que o adoram em espírito e em verdade, aqueles que estão dispostos a pôr em prática tudo aquilo que vimos nas páginas deste livro. Por isso, se você quer galgar novos patamares em sua espiritualidade, se deseja entrar em novas dimensões do poder e do amor de Deus, comece hoje, já, a viver sua adoração como ele a criou para ser.

Em espírito. E em verdade.